LASAÑA CASERA HECHO FACIL

100 RECETAS SENCILLAS, DELICIOSAS Y CREATIVAS

LEOCADIA LLANOS

Reservados todos los derechos.

Descargo de responsabilidad

La información contenida en este libro electrónico está destinada a servir como una colección completa de estrategias sobre las que el autor de este libro electrónico ha investigado. Los resúmenes, estrategias, consejos y trucos son solo recomendaciones del autor, y leer este libro electrónico no garantiza que los resultados de uno reflejen exactamente los resultados del autor. El autor del eBook ha realizado todos los esfuerzos razonables para proporcionar información actualizada y precisa a los lectores del eBook. El autor y sus asociados no se hacen responsables de cualquier error u omisión no intencional que pueda encontrarse. El material del eBook puede incluir información de terceros. Los materiales de terceros se componen de opiniones expresadas por sus propietarios. Como tal, el autor del libro electrónico no asume responsabilidad alguna por ningún material u opiniones de terceros.

El libro electrónico tiene derechos de autor © 2022 con todos los derechos reservados. Es ilegal redistribuir, copiar o crear trabajos derivados de este libro electrónico en su totalidad o en parte. Ninguna parte de este informe puede ser reproducida o retransmitida de ninguna forma sin el permiso expreso y firmado por escrito del autor.

TABLA DE CONTENIDO

TABLA DE CONTENIDO..4
INTRODUCCIÓN...8
LASAÑA SENCILLA..10
1. Lasaña en Taza.. 11
2. Lasaña de tofu vegano.. 14
3. Lasaña de pure de calabaza................................. 17
4. Lasaña virgen... 20
5. Lasaña picante... 23
6. Rizos de lasaña de espinacas............................... 27
7. Lasaña De Berenjenas... 30
8. Lasaña de polenta.. 33
9. Lasaña de lentejas..35
10. Lasaña de Acelgas Rojas y Espinacas................. 39
11. Lasaña de vegetales asados.............................. 43
12. Lasaña con Radicchio y Champiñones................ 46
13. Lasaña Primavera... 49
14. Lasaña de Frijoles Negros y Calabaza................ 53
15. Manicotti rellenos de acelgas............................ 56
16. manicotti de espinacas..................................... 59
17. Molinetes de lasaña.. 63
18. Cazuela De Lasaña De Verduras........................ 66
19. lasaña de ratatouille... 69
20. lasaña de col.. 73
21. lasaña de chocolate.. 76
22. Lasaña de manzana para el desayuno............... 80

LASAÑA VEGETARIANA..83
23. Lasaña clásica de tofu......................................84

24. Lasaña de Acelgas Rojas y Espinacas Baby..................87
25. Lasaña de vegetales asados..................91
26. Lasaña con Radicchio y Champiñones..................95
27. Lasaña Primavera..................99
28. Lasaña Tex-Mex..................103
29. Lasaña de Frijoles Negros y Calabaza..................107
30. Lasaña de Salsa Blanca..................111
31. Lasaña de requesón..................115
32. sopa de lasaña..................118
33. Lasaña de pepperoni..................121
34. lasaña española..................124
35. Albahaca rigatoni vegana..................127
36. Lasaña Clásica..................130
37. Lasaña de callos con pasta integral..................133
38. Lasaña Clásica..................140
39. Lasaña De Champiñones Y Espinacas A La Sartén..................144
40. Lasaña de tomate con tapenade de aceitunas..................148
41. Lasaña de alcachofas y espinacas..................152

HORNEADOS DE LASAÑA..................156

42. Horneado Alfredo De Camarones Al Ajillo..................157
43. Conchas De Pasta Rellenas Caprese..................161
44. Bucatini con Pesto y Patatas Dulces..................164
45. Horneado Alfredo De Pollo Búfalo..................168
46. macarrones con queso y queso..................171
47. Pajaritas Cremosas De Pollo Y Pesto De Brócoli..................175
48. Espaguetis con Cebolla Roja y Tocino..................178
49. Pasta Con Salchicha Y Brócoli Rabe..................181
50. macarrones con queso gruyere..................184
51. Espaguetis de trigo integral con tomates cherry..................187
52. Fettuccine Alfredo..................190
53. macarrones con queso con pollo..................193
54. Rigatoni con salchicha, guisantes y champiñones..................197
55. Penne clásico a la vodka..................201

56. Cazuela De Langosta Y Fideos.. 204
57. Pajaritas con Salchicha, Tomates y Nata............................... 208
58. Pavo y Porcini Tetrazzini..211
59. Pasta con Tomate y Mozzarella...215
60. Pasta cremosa de camarones al pesto...............................218
61. Tortellini De Espinaca Y Tomate.. 221
62. Pasta de pollo cajún.. 224
63. Camarones A La Pimienta Alfredo..................................... 227
64. Lasaña Verde... 231
65. Lasaña de Champiñones con Calabaza............................. 235
66. Cuscús Palestino... 240

LASAÑA RELLENA..245

67. Manicotti rellenos de acelgas... 246
68. Manicotti De Espinacas Y Salsa De Nueces.......................250
69. Pasta Rellena De Berenjena Y Tempeh............................. 254
70. Ravioli De Calabaza Con Guisantes................................... 258
71. Ravioli De Alcachofa Y Nueces...262
72. Tortellini con Salsa de Crema.. 266
73. Ñoquis con Salsa de Tomate y Vino Tinto......................... 270
74. Pierogi con Cebolla Frita.. 274

LASAÑACACEROLA..278

75. Lasaña de Pollo Alfredo.. 279
76. Conchas rellenas de espinacas decadentes...................... 283
77. Horneado de carne Penne.. 286
78. POLLO Tetrazzini..289
79. Horneado de Pasta Butternut y Acelgas........................... 293
80. Cazuela De Chili Mac... 296
81. Penne y Salchicha Ahumada.. 299
82. Hornear Provolone Ziti... 302
83. Camarones al horno con cabello de ángel....................... 305
84. lasaña de curry... 308
85. Lasaña de conchas de pasta cargada................................312

86. Mostaccioli de albóndigas con tres quesos 314
87. Lasaña de Mariscos Blancos 317
88. Pizza Pasta Casserole 322
89. manicotti de queso 325
90. Lasaña de cuatro quesos 328
91. Lasaña de pollo al búfalo 331
92. Rollitos cremosos de lasaña de pollo 335
93. Lasaña De Pollo Al Marsala 339
94. Lasaña energética 343
95. Cazuela De Camarones Fettuccine 347
96. Lasaña de alcachofas y espinacas 350
97. Lasaña estilo Texas 354
98. Lasaña Tradicional 357
99. Cazuela De Salchicha Potluck 361
100. lasaña de frijoles 365

CONCLUSIÓN 368

INTRODUCCIÓN

Los orígenes de la palabra lasaña o lasagna se remontan a la antigua Grecia. Lo que conocemos como lasaña o lasagna se deriva de la palabra "laganon", que fue la primera forma de pasta. Laganon era una referencia a láminas planas de masa de pasta cortadas en tiras finas. Como era de esperar, Laganon se veía muy diferente de lo que conocemos hoy como un plato típico de lasaña. Consistía en capas de pasta y salsa sin ingredientes tradicionales italianos.

La lasaña es uno de los platos más deliciosos de la gran familia de las pastas, con una apariencia distintiva. La lasaña es una pasta ancha con bordes generalmente acanalados. La lasaña generalmente se coloca en capas, y la carne y otros ingredientes se colocan entre las capas. Dado que este plato es originalmente pasta, se considera una comida italiana en el mundo.

Hay muchos tipos diferentes de lasaña, especialmente porque puedes mezclar y combinar tus ingredientes y crear versiones únicas. Una lasaña italiana clásica o tradicional puede basarse en una salsa bechamel o de tomate. También puedes pedir lasaña de mariscos, lasaña de pesto, lasaña vegetariana, lasaña de champiñones, lasaña de espinacas y queso o una lasaña vegetariana similar.

Las lasañas de fusión internacional inusuales incluyen lasaña mexicana (con tortillas en lugar de fideos de lasaña, mucho queso mexicano y quizás algunos chiles), lasaña griega (con cordero molido en lugar de carne de res) y otras variaciones. Puedes adornar una lasaña con tiras de jamón, diferentes quesos, rodajas de tomate, hierbas o lo que quieras.

¿Qué tal aprender a hacer lasaña con carne de cerdo o pollo, o incluso probar una lasaña crockpot? Si eres aficionado a la pasta, seguro que encuentras una receta de lasaña perfecta para tu paladar.

LASAÑA SENCILLA

1. Lasaña en Taza

Ingredientes:

- 2 láminas de lasaña de pasta, listas para servir
- 6 onzas. Agua
- 1 cucharadita de aceite de oliva o aceite en aerosol
- 3 cucharadas de salsa para pizza
- 4 cucharadas de ricota o requesón
- 3 cucharadas de espinacas
- 1 cucharada de queso cheddar
- Opcional: 2 cucharadas de chorizo cocido

Direcciones:

a) Rompa las láminas de lasaña y colóquelas adecuadamente dentro de la taza.

b) Pulverizar con aceite de oliva, evita que se pegue.

c) Cubre lasaña con agua.

d) Cocine durante 3-4 minutos en el horno de microondas o hasta que la pasta se vea tierna.

e) Retire el agua y reserve la pasta.

f) En la misma taza, agregue la salsa para pizza y coloque algunos trozos de pasta en la taza.

g) Agregue las espinacas, la ricota y la salchicha en capas.

h) Espolvorea queso cheddar encima.

i) Continúe las capas nuevamente comenzando con la pasta.

j) Coloque en el microondas y cubra con una cubierta apta para microondas o una toalla de papel para evitar salpicaduras.

k) Cocine en el horno de microondas durante 3 minutos o hasta que la lasaña esté completamente caliente.

l) Dejar enfriar durante 1-2 minutos y disfrutar del sabor.

2. Lasaña de tofu vegano

Hace 6 porciones

Ingredientes

- 12 onzas de fideos de lasaña
- 1 libra de tofu firme, escurrido y desmenuzado
- 1 libra de tofu suave, escurrido y desmenuzado
- 2 cucharadas de levadura nutricional
- 1 cucharadita de jugo de limón fresco
- 1 cucharadita de sal
- 1/4 cucharadita de pimienta negra recién molida
- 3 cucharadas de perejil fresco picado
- 1/2 taza de parmesano vegano oParmasio
- 4 tazas de salsa marinara

Direcciones

a) Precaliente el horno a 350°F.

b) En una olla con agua hirviendo con sal, cocine los fideos a fuego medio-alto, revolviendo ocasionalmente hasta que estén al dente, aproximadamente 7 minutos.

c) En un tazón grande, combine el tofus firme y suave. Agregue la levadura nutricional, el jugo de limón, la sal, la pimienta, el perejil y 1/4 de taza de queso parmesano. Mezcle hasta que esté bien combinado.

d) Coloque una capa de la salsa de tomate en el fondo de una fuente para hornear de 9 x 13 pulgadas. Cubra con una capa de los fideos cocidos.

e) Extienda la mitad de la mezcla de tofu de manera uniforme sobre los fideos. Repita con otra capa de fideos seguida de una capa de salsa.

f) Extienda la mezcla de tofu restante sobre la salsa y termine con una capa final de fideos y salsa. Espolvorea con el 1/4 de taza de queso parmesano restante. Si queda algo de salsa, guárdala y sírvela caliente en un bol junto a la lasaña.

g) Cubrir con papel aluminio y hornear durante 45 minutos. Retire la tapa y hornee 10 minutos más.

h) Deje reposar durante 10 minutos antes de servir.

3. Lasaña de pure de calabaza

Rendimiento: 12 porciones

Tiempo total: 1 hora

Dificultad: Moderada

Ingredientes
- 9 fideos de lasaña, cocidos
- 5 tazas de puré de papa tibio y sazonado,
- 2 paquetes (12 onzas) de calabaza moscada
- 1 1/2 tazas de queso ricota
- 1 cucharadita de cebolla en polvo
- 1/2 cucharadita de nuez moscada
- 1 cucharadita de sal
- 1/2 cucharadita de pimienta negra
- 1 taza de cebollas fritas

Direcciones:

a) Precaliente el horno a 350°F.

b) Usando aceite en aerosol, cubra una fuente para hornear de 9 x 13 pulgadas.

c) Mezcle las papas, la calabaza moscada, el queso ricotta, la cebolla en polvo, la nuez moscada, la sal y la pimienta negra en un recipiente grande para mezclar.

d) Coloque 3 fideos en el fondo de la fuente para hornear que ha preparado.
Extienda 1/3 de la mezcla de papas sobre los fideos. Repita las capas dos veces más.

e) Hornea por 45 minutos con papel aluminio encima; retire el papel aluminio y hornee por otros 8 a 10 minutos, o hasta que se dore y se caliente por completo.

4. Lasaña virgen

Sirve 2

Ingredientes:

- 1 libra de carne de res alimentada con pasto, molida
- 1 1/2 tazas de pimiento rojo cortado en cubitos
- 1 taza de cebolla roja, picada
- 1 salsa de pasta vegetal de 25.5 onzas, cantidad dividida
- 1 cucharadita de sal de ajo
- 1 cucharadita de orégano seco
- 4 fideos de lasaña de arroz integral, cocidos
- 1 cucharada de aceite de coco
- 1 taza de calabacín, cortado en cubitos
- 1 taza de brócoli, cortado en cubitos
- 1 taza de espinacas tiernas, cortadas en cubitos
- 4 dientes de ajo, picados

Direcciones:

a) Precaliente el horno a 350 grados Fahrenheit.

b) En una sartén antiadherente, dore la carne hasta que ya no esté rosada.

c) Combine la salsa de espagueti, los pimientos rojos, las cebollas, la sal de ajo y el orégano en un tazón grande para mezclar. Deja esto a un lado por ahora.

d) En una sartén, caliente el aceite y cocine el calabacín, el brócoli, las espinacas tiernas y el ajo, de 5 a 8 minutos.

e) En el molde para hornear de 8x8, comience a colocar la lasaña en capas de la siguiente manera: fideos de lasaña, mezcla de carne de res, combinación de vegetales, salsa para pasta, fideos de lasaña, mezcla de carne de res, mezcla de vegetales, fideos de lasaña, mezcla de carne de res, mezcla de vegetales y la salsa de espagueti restante.

f) Hornee por 35 minutos, o hasta que esté caliente y burbujeante.

5. lasaña picante

Porciones: 4

Ingredientes:

- 1 ½ libra de salchicha italiana picante desmenuzada
- 5 tazas de salsa de espagueti comprada en la tienda
- 1 taza de salsa de tomate
- 1 cucharadita de condimento italiano
- ½ taza de vino tinto
- 1 cucharadas. azúcar
- 1 cucharadas. aceite
- 5 guantes de ajo picados
- 1 cebolla picada
- 1 taza de queso mozzarella rallado
- 1 taza de queso provolone rallado
- 2 tazas de queso ricota
- 1 taza de requesón
- 2 huevos grandes

- ¼ taza de leche
- 9 fideos de lasaña de fideos – sancochados
- ¼ taza de queso parmesano rallado

Direcciones:

a) Precaliente el horno a 375 grados Fahrenheit.

b) En una sartén, dore la salchicha desmenuzada durante 5 minutos. Cualquier grasa debe desecharse.

c) En una olla grande, combine la salsa para pasta, la salsa de tomate, el condimento italiano, el vino tinto y el azúcar y mezcle bien.

d) En una sartén, calentar el aceite de oliva. Luego, durante 5 minutos, sofreír el ajo y la cebolla.

e) Incorpora la salchicha, el ajo y la cebolla a la salsa.

f) Después de eso, tapa la cacerola y deja que hierva a fuego lento durante 45 minutos.

g) En un plato para mezclar, combine los quesos mozzarella y provolone.

h) En un recipiente aparte, combine la ricota, el requesón, los huevos y la leche.

i) En una fuente para hornear de 9 x 13, vierta 12 tazas de salsa en el fondo de la fuente.

j) Ahora coloque los fideos, la salsa, la ricota y la mozzarella en la fuente para hornear en tres capas.

k) Unta queso parmesano por encima.

l) Hornear en un plato tapado durante 30 minutos.

m) Hornee por otros 15 minutos después de destapar el plato.

6. Rizos de lasaña de espinacas

Rendimiento: 4 porciones

Ingredientes:

- 8 fideos de lasaña de trigo integral
- 1 cucharada de aceite de oliva
- 2 dientes de ajo, picados
- 3 tazas de espinacas tiernas frescas, picadas
- 3/4 taza de queso ricotta parcialmente descremado
- 2 cucharadas de queso parmesano rallado
- 1 1/2 tazas de salsa de tomate baja en sodio, cantidad dividida
- 1/2 taza de queso mozzarella parcialmente descremado

Direcciones:

a) Precaliente el horno a 375 grados Fahrenheit. Usando aceite en aerosol, cubra una cacerola de 8 × 8 pulgadas.

b) Llevar a ebullición en una olla grande de agua. Cocine los fideos de lasaña como se indica en el paquete. Coloque los fideos sobre papel encerado para que se enfríen.

c) En una sartén grande, caliente el aceite a fuego medio. Cocine por 30 segundos después de agregar el ajo, luego agregue las espinacas picadas y cocine por 2 minutos, o hasta que se ablanden.

d) Retire las espinacas del fuego y deje que se enfríen. Combine la ricotta y el queso parmesano una vez que se haya enfriado.

e) Vierta 1/2 taza de salsa de tomate en el fondo de la cacerola.

f) Haga las espirales de lasaña esparciendo 2 cucharaditas de la mezcla de espinacas en el primer fideo de lasaña y 1 cucharada de salsa de tomate encima.

g) Comenzando por un extremo, enrolle los fideos en forma de espiral de un extremo a otro. Coloque la lasaña, con la costura hacia abajo, en la bandeja para hornear preparada.

h) Repita con el resto de la mezcla de fideos y espinacas.

i) Extienda la 1/2 taza de salsa de tomate restante sobre las espirales y cubra con queso mozzarella.

j) Hornee durante 15-20 minutos, o hasta que el queso se derrita por completo. ¡Disfrutar!

7. Lasaña De Berenjenas

Sirve 4-6

Ingredientes

- 2 berenjenas grandes, peladas y cortadas en tiras a lo largo
- Cocoaceite
- sal y pimienta
- Salsa de carne
- 2 tazas de queso granjero bajo en grasa
- 2 huevos
- 3 cebollas verdes, picadas
- 1 taza de queso mozzarella bajo en grasa rallado

Direcciones

a) Caliente el horno a 425 grados.

b) Engrase una bandeja para hornear galletas y coloque la rodaja de berenjena. Espolvorear con sal y pimienta. Hornea las rebanadas 5 minutos por cada lado. Baje la temperatura del horno a 375.

c) Dore la cebolla, la carne y el ajo en aceite de coco durante 5 minutos. Agregue los champiñones y el pimiento rojo, y cocine por 5 minutos. Agregue los tomates, las espinacas y las especias y cocine a fuego lento durante 5-10 minutos.

d) Licue la mezcla de queso campesino, huevo y cebolla. Extienda un tercio de la salsa de carne en el fondo de una fuente de vidrio. Coloque una capa con la mitad de rodajas de berenjena y la mitad de queso de granjero. Repetir. Agregue la última capa de salsa y luego mozzarella encima.

e) Cubrir con papel aluminio. Hornee a 375 grados durante una hora. Retire el papel aluminio y hornee hasta que el queso se dore. Dejar reposar 10 minutos antes de servir.

8. Lasaña de polenta

Ingredientes

- Aceite en aerosol antiadherente
- 1 taza de salsa marinara de alta calidad
- Aproximadamente ½ tubo de polenta precocida, cortada en tres rondas de ½ pulgada de grosor
- 3 cucharadas más 1 cucharadita. queso mozzarella rallado

Direcciones:

a) Rocíe el interior de una botella de 16 oz. taza con spray para cocinar.

b) Agregue ¼ de taza de salsa al fondo de la taza, luego agregue una ronda de polenta, luego 1 cucharada. del queso Repita las capas dos veces más. Agregue el ¼ de taza restante de salsa, luego la 1 cucharadita restante. de queso

c) Tape y cocine hasta que esté caliente, unos 3 minutos.

9. lasaña de lentejas

Ingredientes:

- 1 cucharada de aceite de oliva.
- 1 cebolla, picada.
- 1 zanahoria, en rodajas.
- 1 rama de apio, picada.
- 1 diente de ajo, aplastado.
- 2 latas de 400 g de lentejas, escurridas y enjuagadas.
- 1 Cucharadas de harina de maíz.
- Lata de 400 g de tomate troceado.
- 1 cucharadita de ketchup de champiñones.
- 1 cucharadita de orégano en rodajas (o 1 cucharadita seco).
- 1 cucharadita de caldo de verduras en polvo.
- 2 cabezas de coliflor, partidas en floretes.
- 2 cucharadas de leche de soja sin azúcar.
- Una pizca de nuez moscada recién rallada.
- 9 láminas de lasaña secas sin huevo.

Direcciones:

a) Caliente el aceite en una sartén, agregue la zanahoria, el apio y la cebolla, y prepare con cuidado durante 10-15 minutos hasta que estén suaves. Agregue el ajo, cocine por un par de minutos, luego agregue las lentejas y la harina de maíz.

b) Agrega los tomates más una lata llena de agua, la salsa de champiñones, el orégano, el caldo en polvo y un poco de sazón. Cocine a fuego lento durante 15 minutos, revolviendo ocasionalmente.

c) Cuece la coliflor en una olla con agua hirviendo durante 10 minutos o hasta que esté tierna. Drene las tuberías, luego haga puré con la leche de soya usando una batidora de mano o un molino de alimentos. Sazonar bien e incluir la nuez moscada.

d) Agregue otro tercio de la mezcla de lentejas, luego extienda un tercio del puré de coliflor encima, seguido de una capa de pasta. Cubra con el último tercio de lentejas y lasaña, seguido del puré restante.

e) Cubra con papel aluminio y hornee durante 35-45 minutos, eliminando el papel aluminio durante los últimos 10 minutos de cocción.

10.   Lasaña de Acelgas Rojas y Espinacas

Hace 6 porciones

Ingrediente

- 12 onzas de fideos de lasaña
- 1 cucharada de aceite de oliva
- 2 dientes de ajo, picados
- 8 onzas de acelgas rojas frescas, sin tallos duros y picadas en trozos grandes
- 9 onzas de espinacas tiernas frescas, picadas en trozos grandes
- 1 libra de tofu firme, escurrido y desmenuzado
- 1 libra de tofu suave, escurrido y desmenuzado
- 2 cucharadas de levadura nutricional
- 1 cucharadita de jugo de limón fresco
- 2 cucharadas de perejil de hoja plana fresco picado
- 1 cucharadita de sal
- 1/4 cucharadita de pimienta negra recién molida
- 3 1/2 tazas de salsa marinara

Direcciones:

a) En una olla con agua hirviendo con sal, cocine los fideos a fuego medio-alto, revolviendo ocasionalmente hasta que estén al dente,

aproximadamente 7 minutos. Precaliente el horno a 350°F.

b) En una cacerola grande, caliente el aceite a fuego medio. Agregue el ajo y cocine hasta que esté fragante. Agregue las acelgas y cocine, revolviendo hasta que se ablanden, aproximadamente 5 minutos. Agregue las espinacas y continúe cocinando, revolviendo hasta que se ablanden, unos 5 minutos más. Tape y cocine hasta que estén blandas, unos 3 minutos. Destape y deje enfriar. Cuando estén lo suficientemente fríos como para manipularlos, drene la humedad restante de las verduras, presionándolas con una cuchara grande para exprimir el exceso de líquido. Coloque las verduras en un tazón grande. Agrega el tofu, la levadura nutricional, el jugo de limón, el perejil, la sal y la pimienta. Mezcle hasta que esté bien combinado.

c) Coloque una capa de la salsa de tomate en el fondo de una fuente para hornear de 9 x 13 pulgadas. Cubra con una capa de los fideos. Extienda la mitad de la mezcla de tofu de manera uniforme sobre los fideos. Repita con otra capa de fideos y una capa de salsa. Extienda la mezcla de tofu restante sobre la salsa y termine con una capa final de fideos, salsa y cubra con queso parmesano.

d) Cubrir con papel aluminio y hornear durante 45 minutos. Retire la tapa y hornee 10 minutos más. Deje reposar durante 10 minutos antes de servir.

11. Lasaña de vegetales asados

Hace 6 porciones

Ingrediente

- 1 calabacín mediano, cortado en rodajas de 1/4 de pulgada
- 1 berenjena mediana, cortada en rodajas de 1/4 de pulgada
- 1 pimiento rojo mediano, cortado en cubitos
- 2 cucharadas de aceite de oliva
- Sal y pimienta negra recién molida
- 8 onzas de fideos de lasaña
- 1 libra de tofu firme, escurrido, secado y desmenuzado
- 1 libra de tofu suave, escurrido, secado y desmenuzado
- 2 cucharadas de levadura nutricional
- 2 cucharadas de perejil de hoja plana fresco picado
- 31/2 tazas de salsa marinara, casera

Direcciones:

a) Precaliente el horno a 425°F. Extienda el calabacín, la berenjena y el pimiento en un molde para hornear de 9 x 13 pulgadas ligeramente engrasado. Rocíe con el aceite y sazone con sal y pimienta negra al gusto. Ase las verduras hasta que estén blandas y ligeramente doradas, unos 20 minutos. Retire del horno y deje enfriar. Baje la temperatura del horno a 350°F.

b) En una olla con agua hirviendo con sal, cocine los fideos a fuego medio-alto, revolviendo ocasionalmente hasta que estén al dente, aproximadamente 7 minutos. Escurrir y reservar. En un tazón grande, combine el tofu con la levadura nutricional, el perejil y sal y pimienta al gusto. Mezclar bien.

c) Para armar, extienda una capa de salsa de tomate en el fondo de una fuente para hornear de 9 x 13 pulgadas. Cubra la salsa con una capa de fideos. Cubra los fideos con la mitad de las verduras asadas y luego extienda la mitad de la mezcla de tofu sobre las verduras. Repita con otra capa de fideos y cubra con más salsa. Repita el proceso de capas con las verduras restantes y la mezcla de tofu, terminando con una capa de fideos y salsa. Espolvorea queso parmesano encima.

d) Tape y hornee por 45 minutos. Retire la tapa y hornee otros 10 minutos. Retire del horno y deje reposar durante 10 minutos antes de cortar.

12.   Lasaña con Radicchio y Champiñones

Hace 6 porciones

Ingrediente

- 1 cucharada de aceite de oliva
- 2 dientes de ajo, picados
- 1 cabeza pequeña de achicoria, rallada
- 8 onzas de champiñones cremini, ligeramente enjuagados, secados y cortados en rodajas finas
- Sal y pimienta negra recién molida
- 8 onzas de fideos de lasaña
- 1 libra de tofu firme, escurrido, secado y desmenuzado
- 1 libra de tofu suave, escurrido, secado y desmenuzado
- 3 cucharadas de levadura nutricional
- 2 cucharadas de perejil fresco picado
- 3 tazas de salsa marinara, casera

Direcciones:

a) En una sartén grande, caliente el aceite a fuego medio. Agregue el ajo, la achicoria y los champiñones. Tape y cocine, revolviendo ocasionalmente, hasta que estén tiernos, unos 10 minutos. Sazone con sal y pimienta al gusto y reserve

b) En una olla con agua hirviendo con sal, cocine los fideos a fuego medio-alto, revolviendo ocasionalmente hasta que estén al dente, aproximadamente 7 minutos. Escurrir y reservar. Precaliente el horno a 350°F.

c) En un tazón grande, combine el tofu firme y suave. Agregue la levadura nutricional y el perejil y mezcle hasta que estén bien combinados. Agregue la mezcla de radicchio y champiñones y sazone con sal y pimienta al gusto.

d) Coloque una capa de la salsa de tomate en el fondo de una fuente para hornear de 9 x 13 pulgadas. Cubra con una capa de los fideos. Extienda la mitad de la mezcla de tofu de manera uniforme sobre los fideos. Repita con otra capa de fideos seguida de una capa de salsa. Extienda la mezcla de tofu restante encima y termine con una capa final de fideos y salsa. Espolvorea la parte superior con nueces molidas.

e) Cubrir con papel aluminio y hornear durante 45 minutos. Retire la tapa y hornee 10 minutos más. Deje reposar durante 10 minutos antes de servir.

13.   Lasaña Primavera

Rinde de 6 a 8 porciones

Ingrediente

- 8 onzas de fideos de lasaña
- 2 cucharadas de aceite de oliva
- 1 cebolla amarilla pequeña, picada
- 3 dientes de ajo, picados
- 6 onzas de tofu sedoso, escurrido
- 3 tazas de leche de soja natural sin azúcar
- 3 cucharadas de levadura nutricional
- 1/8 cucharadita de nuez moscada molida
- Sal y pimienta negra recién molida
- 2 tazas de floretes de brócoli picados
- 2 zanahorias medianas, picadas
- 1 calabacín pequeño, cortado a la mitad o en cuartos a lo largo y cortado en rodajas de 1/4 de pulgada
- 1 pimiento rojo mediano, picado
- 2 libras de tofu firme, escurrido y secado
- 2 cucharadas de perejil de hoja plana fresco picado
- 1/2 taza de parmesano vegano oParmasio
- 1/2 taza de almendras molidas o piñones

Direcciones:

a) Precaliente el horno a 350°F. En una olla con agua hirviendo con sal, cocine los fideos a fuego medio-alto, revolviendo ocasionalmente hasta que estén al dente, aproximadamente 7 minutos. Escurrir y reservar.

b) En una sartén pequeña, caliente el aceite a fuego medio. Agregue la cebolla y el ajo, cubra y cocine hasta que estén suaves, aproximadamente 5 minutos. Transfiera la mezcla de cebolla a una licuadora. Agrega el tofu sedoso, la leche de soya, la levadura nutricional, la nuez moscada y sal y pimienta al gusto. Mezcle hasta que quede suave y reserve.

c) Cocine al vapor el brócoli, las zanahorias, el calabacín y el pimiento hasta que estén tiernos. Alejar del calor. Desmenuce el tofu firme en un tazón grande. Agregue el perejil y 1/4 taza de queso parmesano y sazone con sal y pimienta al gusto. Mezcle hasta que esté bien combinado. Agregue las verduras al vapor y mezcle bien, agregando más sal y pimienta, si es necesario.

d) Coloque una capa de la salsa blanca en el fondo de una fuente para hornear de 9 x 13 pulgadas ligeramente engrasada. Cubra con una capa de los fideos. Esparza la mitad de la mezcla de tofu y verduras de manera uniforme sobre los fideos. Repita con otra capa de fideos, seguida de una capa de salsa. Extienda la mezcla de tofu restante encima y termine con una capa final de fideos y salsa, terminando con el 1/4 de taza de queso parmesano restante. Cubrir con papel aluminio y hornear durante 45 minutos.

14. Lasaña de Frijoles Negros y Calabaza

Rinde de 6 a 8 porciones

Ingrediente

- 12 fideos de lasaña
- 1 cucharada de aceite de oliva
- 1 cebolla amarilla mediana, picada
- 1 pimiento rojo mediano, picado
- 2 dientes de ajo, picados
- 1 1/2 tazas cocidas o 1 lata (15.5 onzas) de frijoles negros, escurridos y enjuagados
- (14.5 onzas) de tomates triturados en lata
- 2 cucharaditas de chile en polvo
- Sal y pimienta negra recién molida
- 1 libra de tofu firme, bien escurrido
- 3 cucharadas de perejil o cilantro fresco picado
- 1 lata (16 onzas) de puré de calabaza
- 3 tazas de salsa de tomate

Direcciones:

a) En una olla con agua hirviendo con sal, cocine los fideos a fuego medio-alto, revolviendo ocasionalmente hasta que estén al dente, aproximadamente 7 minutos. Escurrir y reservar. Precaliente el horno a 375°F.

b) En una sartén grande, caliente el aceite a fuego medio. Agrega la cebolla, tapa y cocina hasta que se ablande. Agregue el pimiento y el ajo y cocine hasta que se ablanden, 5 minutos más. Agregue los frijoles, los tomates, 1 cucharadita de chile en polvo y sal y pimienta negra al gusto. Mezcle bien y deje reposar.

c) En un tazón grande, combine el tofu, el perejil, la 1 cucharadita restante de chile en polvo y sal y pimienta negra al gusto. Dejar de lado. En un tazón mediano, combine la calabaza con la salsa y revuelva para mezclar bien. Sazone con sal y pimienta al gusto.

d) Extienda aproximadamente $\frac{3}{4}$ de taza de la mezcla de calabaza en el fondo de una fuente para hornear de 9 x 13 pulgadas. Cubra con 4 de los fideos. Cubra con la mitad de la mezcla de frijoles, seguida de la mitad de la mezcla de tofu. Cubra con cuatro de los fideos, seguido de una capa de la mezcla de calabaza, luego la mezcla de frijoles restante, cubierta con los fideos restantes. Extienda la mezcla restante de tofu sobre los fideos, seguida de la mezcla restante de calabaza, esparciéndola hasta los bordes de la sartén.

e) Cubra con papel aluminio y hornee hasta que esté caliente y burbujeante, aproximadamente 50 minutos. Destape, espolvoree con semillas de calabaza y deje reposar 10 minutos antes de servir.

15. Manicotti rellenos de acelgas

Hace 4 porciones

Ingrediente

- 12 manicotti
- 3 cucharadas de aceite de oliva
- 1 cebolla pequeña, picada
- 1 manojo mediano de acelgas, tallos duros recortados y picados
- 1 libra de tofu firme, escurrido y desmenuzado
- Sal y pimienta negra recién molida
- 1 taza de anacardos crudos
- 3 tazas de leche de soja natural sin azúcar
- $1/8$ cucharadita de nuez moscada molida
- $1/8$ cucharadita de cayena molida
- 1 taza de pan rallado seco sin sazonar

Direcciones:

a) Precaliente el horno a 350°F. Engrase ligeramente una fuente para hornear de 9 x 13 pulgadas y reserve.

b) En una olla con agua hirviendo con sal, cocine los manicotti a fuego medio-alto, revolviendo ocasionalmente, hasta que estén al dente, unos 8 minutos. Escurrir bien y correr bajo agua fría. Dejar de lado.

c) En una sartén grande, caliente 1 cucharada de aceite a fuego medio. Agregue la cebolla, cubra y cocine hasta que se ablande unos 5 minutos. Agregue las acelgas, cubra y cocine hasta que las acelgas estén tiernas, revolviendo ocasionalmente, aproximadamente 10 minutos. Retire del fuego y agregue el tofu, revolviendo para mezclar bien. Sazone bien con sal y pimienta al gusto y reserve.

d) En una licuadora o procesador de alimentos, muela los anacardos hasta convertirlos en polvo. Agregue 1 1/2 tazas de leche de soya, la nuez moscada, la pimienta de cayena y sal al gusto. Mezclar hasta que esté suave. Agregue las 1 1/2 tazas restantes de leche de soya y mezcle hasta que quede cremoso. Pruebe, ajustando los condimentos si es necesario.

e) Extienda una capa de la salsa en el fondo de la fuente para hornear preparada. Coloque alrededor de 1/3 taza del relleno de acelgas en los manicotti. Coloque los manicotti rellenos en una sola capa en la fuente para hornear. Vierta la salsa restante sobre los manicotti. En un tazón pequeño, combine las migas de pan y las 2 cucharadas de aceite restantes y espolvoree sobre los manicotti. Cubra con papel aluminio y hornee hasta que esté caliente y burbujeante, aproximadamente 30 minutos. Servir inmediatamente.

16.   manicotti de espinacas

Hace 4 porciones

Ingrediente

- 12 manicotti
- 1 cucharada de aceite de oliva
- 2 chalotes medianos, picados
- 2 paquetes (10 onzas) de espinacas picadas congeladas, descongeladas
- 1 libra de tofu extra firme, escurrido y desmenuzado
- 1/4 cucharadita de nuez moscada molida
- Sal y pimienta negra recién molida
- 1 taza de trozos de nuez tostada
- 1 taza de tofu suave, escurrido y desmenuzado
- 1/4 taza de levadura nutricional
- 2 tazas de leche de soja natural sin azúcar
- 1 taza de pan rallado seco

Direcciones:

a) Precaliente el horno a 350°F. Engrase ligeramente una fuente para hornear de 9 x 13 pulgadas. En una olla con agua hirviendo con sal, cocina los manicotti a fuego medio-alto, revolviendo ocasionalmente, hasta que estén al dente, unos 10 minutos. Escurrir bien y correr bajo agua fría. Dejar de lado.

b) En una sartén grande, caliente el aceite a fuego medio. Agregue los chalotes y cocine hasta que se ablanden, aproximadamente 5 minutos. Exprima las espinacas para eliminar la mayor cantidad de líquido posible y agréguelas a los chalotes. Sazone con nuez moscada y sal y pimienta al gusto, y cocine durante 5 minutos, revolviendo para mezclar los sabores. Agregue el tofu extra firme y revuelva para mezclar bien. Dejar de lado.

c) En un procesador de alimentos, procese las nueces hasta que estén finamente molidas. Agrega el tofu suave, la levadura nutricional, la leche de soya y sal y pimienta al gusto. Procese hasta que quede suave.

d) Extienda una capa de la salsa de nuez en el fondo de la fuente para hornear preparada. Rellena los manicotti con el relleno. Coloque los manicotti rellenos en una sola capa en la fuente para hornear. Vierta la salsa restante encima. Cubrir con papel aluminio y hornear hasta que esté caliente, unos 30 minutos. Destape, espolvoree con pan rallado y hornee 10 minutos más para dorar ligeramente la parte superior. Servir inmediatamente.

17. Molinetes de lasaña

Hace 4 porciones

Ingrediente

- 12 fideos de lasaña
- 4 tazas de espinacas frescas ligeramente empaquetadas
- 1 taza de frijoles blancos cocidos o enlatados, escurridos y enjuagados
- 1 libra de tofu firme, escurrido y secado
- $1/2$ cucharadita de sal
- $1/4$ cucharadita de pimienta negra recién molida
- $1/8$ cucharadita de nuez moscada molida
- 3 tazas de salsa marinara, casera

Direcciones:

a) Precaliente el horno a 350°F. En una olla con agua hirviendo con sal, cocine los fideos a fuego medio-alto, revolviendo ocasionalmente, hasta que estén al dente, aproximadamente 7 minutos.

b) Coloque las espinacas en un plato apto para microondas con 1 cucharada de agua. Tape y cocine en el microondas durante 1 minuto hasta que se ablande. Retire del tazón, exprima cualquier líquido restante.

c) Transfiera las espinacas a un procesador de alimentos y pulse para picar. Agregue los frijoles, el tofu, la sal y la pimienta y procese hasta que estén bien combinados. Dejar de lado.

d) Para armar los molinetes, coloque los fideos sobre una superficie de trabajo plana. Extienda unas 3 cucharadas de la mezcla de tofu y espinacas sobre la superficie de cada fideo y enrolle. Repita con los ingredientes restantes. Extienda una capa de la salsa de tomate en el fondo de una cacerola poco profunda.

e) Coloque los rollos en posición vertical sobre la salsa y vierta un poco de la salsa restante en cada molinete. Cubrir con papel aluminio y hornear durante 30 minutos. Servir inmediatamente.

18. Cazuela De Lasaña De Verduras

Ingrediente

- 1 calabacín pequeño
- 1 calabaza amarilla pequeña
- 1 cebolla mediana
- 1 pimiento rojo grande
- 5 onzas de queso mozzarella estilo búfala no lácteo
- 1/4 taza de aceitunas negras curadas en aceite sin hueso en rodajas
- 1 cucharadita de albahaca seca
- 1 cucharadita de sal marina
- 1/2 cucharadita de orégano seco
- 1/4 cucharadita de hojuelas de pimiento rojo
- 1/4 cucharadita de pimienta negra molida
- 1 lata (15 onzas) de salsa de tomate
- 1/4 taza de queso parmesano vegetal rallado

Direcciones:

a) Corte el calabacín y la calabaza amarilla a lo largo en tiras de 1/8 a 1/4 de pulgada de grosor. Divide ambos en dos partes.

b) Cortar la cebolla en rodajas de media luna. Divide las rebanadas en tres partes. Cortar el pimiento a lo largo en tiras de 1 1/2 pulgada. Divide las tiras en tres partes.

c) Cortar la mozzarella en cubos de 1/4 de pulgada. Transfiera los cubos a un tazón pequeño y agregue las aceitunas, la albahaca, la sal, el orégano, las hojuelas de pimiento rojo y la pimienta. Combinar bien y dividir la mezcla en tres partes.

d) Precaliente la freidora de aire a 360 °F durante 5 minutos. Extienda 1/2 taza de la salsa de tomate en el fondo de un molde para hornear de 6 a 7 pulgadas. Coloque una parte de calabacín, calabaza, cebolla y pimiento encima de la salsa de tomate. Agregue el primer tercio de la mezcla de mozzarella. Repita este proceso para 2 capas más. Espolvorea la capa superior con el queso parmesano.

e) Cubra la bandeja para hornear con papel aluminio, transfiérala a la freidora y cocine a 360 °F durante 15 minutos. Destape y cocine por 10 minutos más.

f) Sirve: 2 a 4

19.   lasaña de ratatouille

RACIONES 8-10

Ingredientes

- masa de huevo
- Aceite de oliva virgen extra
- 3 dientes de ajo, picados
- 1 taza (237 ml) de vino tinto
- 2 latas (28 oz [794 g])   trituradas
- Tomates
- 1 manojo de albahaca
- Sal kosher
- Pimienta negra recién molida
- Aceite de oliva
- 1 berenjena, pelada y cortada en cubitos pequeños
- 1 calabacín verde, cortado en cubitos pequeños
- 1 calabaza de verano, cortada en cubitos pequeños
- 2 tomates, cortados en cubitos pequeños
- 4 dientes de ajo, en rodajas
- 1 cebolla roja, en rodajas finas
- Sal kosher
- Pimienta negra recién molida
- 3 tazas (390 g) de queso mozzarella rallado

Direcciones

a) Precaliente el horno a 350 °F (177 °C) y hierva una olla grande de agua con sal.

b) Espolvorea dos sartenes con harina de sémola. Para hacer la pasta, extienda la masa hasta que la lámina tenga un grosor de aproximadamente 1/16 de pulgada (1,6 mm).

c) Corte las hojas enrolladas en secciones de 30 cm (12 pulgadas) y colóquelas en bandejas hasta que tenga unas 20 hojas. Trabajando en lotes, coloque las hojas en el agua hirviendo y cocine hasta que estén flexibles, aproximadamente 1 minuto. Coloque sobre toallas de papel y seque.

d) Para hacer la salsa, en una olla a fuego medio, agregue el aceite de oliva virgen extra, el ajo y saltee durante aproximadamente un minuto o hasta que esté transparente. Añadir el vino tinto y dejar reducir a la mitad. Luego agregue los tomates triturados, la albahaca y la sal y la pimienta. Deja que hierva a fuego lento durante unos 30 minutos.

e) Para hacer el relleno, en una sartén grande a fuego alto, agregue un chorrito de aceite de oliva, berenjena, calabacín, calabaza, tomate, ajo y cebolla morada. Sazone con sal y pimienta negra recién molida.

f) Para armar, coloque la salsa en el fondo de una fuente para hornear de 9 × 13 pulgadas (22,9 × 33 cm). Coloque las láminas de pasta hacia abajo, superponiéndolas ligeramente, cubriendo el fondo del plato. Agregue el ratatouille de manera uniforme sobre las láminas de pasta y espolvoree mozzarella por encima. Agregue la siguiente capa de hojas de pasta en la dirección opuesta y repita estas capas hasta que llegue a la parte superior o se haya usado todo el relleno. Distribuya un poco de salsa uniformemente sobre la hoja superior y espolvoree con un poco más de mozzarella.

g) Coloque la lasaña en el horno y cocine durante aproximadamente 45 minutos a 1 hora. Deje que se enfríe durante unos 10 minutos antes de cortar y servir.

20.   lasaña de col

Rendimiento: 8 porciones

Ingrediente

- 2 libras de carne molida
- 1 cebolla; Cortado
- 1 pimiento verde; Cortado
- 1 col de cabeza mediana; triturado
- 1 cucharadita de orégano
- 1 cucharadita de sal
- $\frac{1}{8}$ cucharadita de Pimienta
- 18 onzas de pasta de tomate; O
- Pasta de tomate con condimentos italianos
- 8 onzas de queso mozzarella; rebanado

Direcciones:

a) Saltee la carne molida, la cebolla y el pimiento verde hasta que la carne esté dorada. Escurrir bien.

b) Mientras tanto, hierva el repollo hasta que esté tierno, de 2 a 5 minutos. Combine 2 tazas de repollo líquido con orégano, sal, pimienta y pasta de tomate.

c) Cocine a fuego lento o en el microondas durante 5 minutos. Agregue la mezcla de carne y verduras. Cocine a fuego lento durante 5 minutos más. Coloque la mitad de la mezcla de tomate y carne en una fuente de 13x9". Coloque una capa de repollo bien escurrido sobre la salsa y luego el resto de la salsa. Cubra con queso rebanado para cubrir.

d) Hornee a 400 F. durante 25-40 minutos. Se puede agregar queso durante los últimos 5-10 minutos. Puede Microondas por un tiempo y luego terminar en el horno, para reducir el tiempo de cocción.

21. lasaña de chocolate

Rendimiento: 6 porciones

Ingrediente

- 1¾ taza de harina
- 2 cucharadas de cacao en polvo sin azúcar
- 1 pizca de sal
- 2 huevos extra grandes
- 2 cucharaditas de aceite vegetal
- 4 tazas de queso ricotta de leche entera
- 2 tazas de crema espesa
- 6 cucharadas de azúcar
- 1 cucharada de ralladura de naranja
- 2 cucharadas de gran marnier
- 1 pizca de sal
- 12 onzas de chocolate agridulce, picado

Direcciones:

a) Combine la harina, el cacao y la sal en un bol y haga un hueco en el centro. Agregue los huevos y el aceite en el centro del pozo y mezcle con un tenedor para formar la masa. Amasar la masa durante 15 minutos hasta que quede suave y brillante, agregando más harina si es necesario para evitar que la masa se pegue.

b) Envolver en film transparente y dejar reposar media hora. Extienda la pasta a mano o con una máquina y córtela en ocho tiras de 4 $\frac{1}{2}$ x 11 pulgadas.

c) Cocine dos tiras a la vez en agua hirviendo con sal. Cocine solo 20 segundos después de que el agua vuelva a hervir. Sumerja los fideos en agua fría para detener la cocción. Cuando se enfríe, colóquelo sobre toallas en una sola capa para drenar.

d) Combine todos los ingredientes del relleno y mezcle hasta que quede suave. Para ensamblar: Precaliente el horno a 425F con la rejilla en el tercio superior del horno.

e) Engrase generosamente un molde de 8"x11"x2". Alterne capas de fideos, relleno de queso y chocolate, terminando con una capa de queso.

f) Hornee durante 20-25 minutos hasta que la parte superior esté ligeramente coloreada. Deje reposar la lasaña durante 10 minutos para que se solidifique, luego sirva caliente.

22. Lasaña de manzana para el desayuno

Rendimiento: 6 porciones

Ingrediente

- 1 taza de crema agria
- ⅓ taza de azúcar moreno; lleno
- 12 rebanadas de tostadas francesas congeladas
- ½ libra de jamón cocido
- 2½ tazas de queso cheddar; triturado
- 1 lata de relleno de tarta de manzana
- 1 taza de granola

Direcciones:

a) En un tazón pequeño, combine el azúcar y la crema agria; cubra y refrigere.

b) Coloque 6 rebanadas de pan francés en el fondo de un molde engrasado de 9 x 13. Coloque en capas el jamón, 2 tazas de queso y las 6 rebanadas restantes de tostadas francesas en una bandeja para hornear.

c) Esparce el relleno por encima; espolvorea granola sobre las manzanas. Hornee en horno precalentado a 350F durante 25 minutos.

d) Cubra con la ½ taza de queso cheddar restante; hornee otros 5 minutos hasta que el queso se derrita y la cacerola esté caliente. Servir con la mezcla de crema agria

LASAÑA VEGETARIANA

23. Lasaña clásica de tofu

Hace 6 porciones

Ingrediente

- 12 onzas de fideos de lasaña
- 1 libra de tofu firme, escurrido y desmenuzado
- 1 libra de tofu suave, escurrido y desmenuzado
- 2 cucharadas de levadura nutricional
- 1 cucharadita de jugo de limón fresco
- 1 cucharadita de sal
- $1/4$ cucharadita de pimienta negra recién molida
- 3 cucharadas de perejil fresco picado
- $1/2$ taza de parmesano vegano oParmasio
- 4 tazas de salsa marinara, casera

Direcciones:

a) En una olla con agua hirviendo con sal, cocine los fideos a fuego medio-alto, revolviendo ocasionalmente hasta que estén al dente, aproximadamente 7 minutos. Precaliente el horno a 350°F. En un tazón grande, combine el tofus firme y suave. Agregue la levadura nutricional, el jugo de limón, la sal, la pimienta, el perejil y 1/4 taza de queso parmesano. Mezcle hasta que esté bien combinado.

b) Coloque una capa de la salsa de tomate en el fondo de una fuente para hornear de 9 x 13 pulgadas. Cubra con una capa de los fideos cocidos. Extienda la mitad de la mezcla de tofu de manera uniforme sobre los fideos. Repita con otra capa de fideos seguida de una capa de salsa.

c) Extienda la mezcla de tofu restante sobre la salsa y termine con una capa final de fideos y salsa. Espolvorea con el 1/4 de taza de queso parmesano restante. Si queda algo de salsa, guárdala y sírvela caliente en un bol junto a la lasaña.

d) Cubrir con papel aluminio y hornear durante 45 minutos. Retire la tapa y hornee 10 minutos más. Deje reposar durante 10 minutos antes de servir.

24. Lasaña de Acelgas Rojas y Espinacas Baby

Hace 6 porciones

Ingrediente

- 12 onzas de fideos de lasaña
- 1 cucharada de aceite de oliva
- 2 dientes de ajo, picados
- 8 onzas de acelgas rojas frescas, sin tallos duros y picadas en trozos grandes
- 9 onzas de espinacas tiernas frescas, picadas en trozos grandes
- 1 libra de tofu firme, escurrido y desmenuzado
- 1 libra de tofu suave, escurrido y desmenuzado
- 2 cucharadas de levadura nutricional
- 1 cucharadita de jugo de limón fresco
- 2 cucharadas de perejil de hoja plana fresco picado
- 1 cucharadita de sal
- 1/4 cucharadita de pimienta negra recién molida
- 31/2 tazas de salsa marinara

Direcciones:

a) En una olla con agua hirviendo con sal, cocine los fideos a fuego medio-alto, revolviendo ocasionalmente hasta que estén al dente, aproximadamente 7 minutos. Precaliente el horno a 350°F.

b) En una cacerola grande, caliente el aceite a fuego medio. Agregue el ajo y cocine hasta que esté fragante. Agregue las acelgas y cocine, revolviendo hasta que se ablanden, aproximadamente 5 minutos. Agregue las espinacas y continúe cocinando, revolviendo hasta que se ablanden, unos 5 minutos más.

c) Tape y cocine hasta que estén blandas, unos 3 minutos. Destape y deje enfriar. Cuando estén lo suficientemente fríos como para manipularlos, drene la humedad restante de las verduras, presionándolas con una cuchara grande para exprimir el exceso de líquido. Coloque las verduras en un tazón grande. Agrega el tofu, la levadura nutricional, el jugo de limón, el perejil, la sal y la pimienta. Mezcle hasta que esté bien combinado.

d) Coloque una capa de la salsa de tomate en el fondo de una fuente para hornear de 9 x 13 pulgadas. Cubra con una capa de los fideos. Extienda la mitad de la mezcla de tofu de manera uniforme sobre los fideos. Repita con otra capa de fideos y una capa de salsa. Extienda la mezcla de tofu restante sobre la salsa y termine con una capa final de fideos, salsa y cubra con queso parmesano.

e) Cubrir con papel aluminio y hornear durante 45 minutos. Retire la tapa y hornee 10 minutos más. Deje reposar durante 10 minutos antes de servir.

25. Lasaña de vegetales asados

Hace 6 porciones

Ingrediente

- 1 calabacín mediano, cortado en rodajas de 1/4 de pulgada
- 1 berenjena mediana, cortada en rodajas de 1/4 de pulgada
- 1 pimiento rojo mediano, cortado en cubitos
- 2 cucharadas de aceite de oliva
- Sal y pimienta negra recién molida
- 8 onzas de fideos de lasaña
- 1 libra de tofu firme, escurrido, secado y desmenuzado
- 1 libra de tofu suave, escurrido, secado y desmenuzado
- 2 cucharadas de levadura nutricional
- 2 cucharadas de perejil de hoja plana fresco picado
- 31/2 tazas de salsa marinara, casera

Direcciones:

a) Precaliente el horno a 425°F. Extienda el calabacín, la berenjena y el pimiento en un molde para hornear de 9 x 13 pulgadas ligeramente engrasado. Rocíe con el aceite y sazone con sal y pimienta negra al gusto. Ase las verduras hasta que estén blandas y ligeramente doradas, unos 20 minutos. Retire del horno y deje enfriar. Baje la temperatura del horno a 350°F.

b) En una olla con agua hirviendo con sal, cocine los fideos a fuego medio-alto, revolviendo ocasionalmente hasta que estén al dente, aproximadamente 7 minutos. Escurrir y reservar. En un tazón grande, combine el tofu con la levadura nutricional, el perejil y sal y pimienta al gusto. Mezclar bien.

c) Para armar, extienda una capa de salsa de tomate en el fondo de una fuente para hornear de 9 x 13 pulgadas. Cubra la salsa con una capa de fideos. Cubra los fideos con la mitad de las verduras asadas y luego extienda la mitad de la mezcla de tofu sobre las verduras.

d) Repita con otra capa de fideos y cubra con más salsa. Repita el proceso de capas con las verduras restantes y la mezcla de tofu, terminando con una capa de fideos y salsa. Espolvorea queso parmesano encima.

e) Tape y hornee por 45 minutos. Retire la tapa y hornee otros 10 minutos. Retire del horno y deje reposar durante 10 minutos antes de cortar.

26. Lasaña con Radicchio y Champiñones

Hace 6 porciones

Ingrediente

- 1 cucharada de aceite de oliva
- 2 dientes de ajo, picados
- 1 cabeza pequeña de achicoria, rallada
- 8 onzas de champiñones cremini, ligeramente enjuagados, secados y cortados en rodajas finas
- Sal y pimienta negra recién molida
- 8 onzas de fideos de lasaña
- 1 libra de tofu firme, escurrido, secado y desmenuzado
- 1 libra de tofu suave, escurrido, secado y desmenuzado
- 3 cucharadas de levadura nutricional
- 2 cucharadas de perejil fresco picado
- 3 tazas de salsa marinara, casera

Direcciones:

a) En una sartén grande, caliente el aceite a fuego medio. Agregue el ajo, la achicoria y los champiñones. Tape y cocine, revolviendo ocasionalmente, hasta que estén tiernos, unos 10 minutos. Sazone con sal y pimienta al gusto y reserve

b) En una olla con agua hirviendo con sal, cocine los fideos a fuego medio-alto, revolviendo ocasionalmente hasta que estén al dente, aproximadamente 7 minutos. Escurrir y reservar. Precaliente el horno a 350°F.

c) En un tazón grande, combine el tofu firme y suave. Agregue la levadura nutricional y el perejil y mezcle hasta que estén bien combinados. Agregue la mezcla de radicchio y champiñones y sazone con sal y pimienta al gusto.

d) Coloque una capa de la salsa de tomate en el fondo de una fuente para hornear de 9 x 13 pulgadas. Cubra con una capa de los fideos. Extienda la mitad de la mezcla de tofu de manera uniforme sobre los fideos. Repita con otra capa de fideos seguida de una capa de salsa. Extienda la mezcla de tofu restante encima y termine con una capa final de fideos y salsa. Espolvorea la parte superior con nueces molidas.

e) Cubrir con papel aluminio y hornear durante 45 minutos. Retire la tapa y hornee 10 minutos más. Deje reposar durante 10 minutos antes de servir.

27.   Lasaña Primavera

Rinde de 6 a 8 porciones

Ingrediente

- 8 onzas de fideos de lasaña
- 2 cucharadas de aceite de oliva
- 1 cebolla amarilla pequeña, picada
- 3 dientes de ajo, picados
- 6 onzas de tofu sedoso, escurrido
- 3 tazas de leche de soja natural sin azúcar
- 3 cucharadas de levadura nutricional
- $1/8$ cucharadita de nuez moscada molida
- Sal y pimienta negra recién molida
- 2 tazas de floretes de brócoli picados
- 2 zanahorias medianas, picadas
- 1 calabacín pequeño, cortado a la mitad o en cuartos a lo largo y cortado en rodajas de 1/4 de pulgada
- 1 pimiento rojo mediano, picado
- 2 libras de tofu firme, escurrido y secado
- 2 cucharadas de perejil de hoja plana fresco picado
- $1/2$ taza de parmesano vegano oParmasio
- $1/2$ taza de almendras molidas o piñones

Direcciones:

a) Precaliente el horno a 350°F. En una olla con agua hirviendo con sal, cocine los fideos a fuego medio-alto, revolviendo ocasionalmente hasta que estén al dente, aproximadamente 7 minutos. Escurrir y reservar.

b) En una sartén pequeña, caliente el aceite a fuego medio. Agregue la cebolla y el ajo, cubra y cocine hasta que estén suaves, aproximadamente 5 minutos. Transfiera la mezcla de cebolla a una licuadora. Agrega el tofu sedoso, la leche de soya, la levadura nutricional, la nuez moscada y sal y pimienta al gusto. Mezcle hasta que quede suave y reserve.

c) Cocine al vapor el brócoli, las zanahorias, el calabacín y el pimiento hasta que estén tiernos. Alejar del calor. Desmenuce el tofu firme en un tazón grande. Agregue el perejil y 1/4 taza de queso parmesano y sazone con sal y pimienta al gusto. Mezcle hasta que esté bien combinado. Agregue las verduras al vapor y mezcle bien, agregando más sal y pimienta, si es necesario.

d) Coloque una capa de la salsa blanca en el fondo de una fuente para hornear de 9 x 13 pulgadas ligeramente engrasada. Cubra con una capa de los fideos. Esparza la mitad de la mezcla de tofu y verduras de manera uniforme sobre los fideos. Repita con otra capa de fideos, seguida de una capa de salsa.

e) Extienda la mezcla de tofu restante encima y termine con una capa final de fideos y salsa, terminando con el 1/4 de taza de queso parmesano restante.Cubrir con papel aluminio y hornear durante 45 minutos.

28. Lasaña Tex-Mex

Rinde de 6 a 8 porciones

Ingrediente

- 12 fideos de lasaña
- 3 tazas cocidas o 2 latas (15.5 onzas) de frijoles pintos, escurridos y enjuagados
- 1 cucharadita de orégano seco
- 1 cucharadita de chile en polvo
- $1/2$ cucharadita de comino molido
- 1 libra de tofu firme, escurrido
- 1 lata (4 onzas) de chiles verdes suaves picados, escurridos
- $1/4$ taza de aceitunas negras sin hueso en rodajas
- 2 cucharadas de cilantro fresco picado
- Sal y pimienta negra recién molida
- 4 tazas de salsa de tomate, casera

Direcciones:

a) En una olla con agua hirviendo con sal, cocine los fideos a fuego medio-alto, revolviendo ocasionalmente hasta que estén al dente,

aproximadamente 7 minutos. Escurrir y reservar. Precaliente el horno a 375°F.

b) En un tazón grande, combine los frijoles pintos, el orégano, el chile en polvo y el comino. Triture bien los frijoles e incorpore las especias. Dejar de lado. En un tazón grande separado, combine el tofu, los chiles, las cebollas verdes, las aceitunas, el cilantro y sal y pimienta al gusto. Mezcle bien y deje reposar.

c) Extienda 1/2 taza de la salsa en el fondo de una fuente para hornear de 9 x 13 pulgadas. Coloque 4 de los fideos encima de la salsa. Extienda la mitad de la mezcla de frijoles sobre los fideos, seguida de otra 1/2 taza de salsa. Cubra con 4 fideos seguidos de la mezcla de tofu, esparciendo uniformemente. Cubra con 1 taza de salsa, seguido de la mezcla de frijoles restante y cubra con los fideos restantes. Extienda la salsa restante encima.

d) Cubra con papel aluminio y hornee hasta que esté caliente y burbujeante, de 45 a 50 minutos. Destape y deje reposar 10 minutos antes de servir.

29. Lasaña de Frijoles Negros y Calabaza

Rinde de 6 a 8 porciones

Ingrediente

- 12 fideos de lasaña
- 1 cucharada de aceite de oliva
- 1 cebolla amarilla mediana, picada
- 1 pimiento rojo mediano, picado
- 2 dientes de ajo, picados
- 11/2 tazas cocidas o 1 lata (15.5 onzas) de frijoles negros, escurridos y enjuagados
- (14.5 onzas) de tomates triturados en lata
- 2 cucharaditas de chile en polvo
- Sal y pimienta negra recién molida
- 1 libra de tofu firme, bien escurrido
- 3 cucharadas de perejil o cilantro fresco picado
- 1 lata (16 onzas) de puré de calabaza
- 3 tazas de salsa de tomate

Direcciones:

a) En una olla con agua hirviendo con sal, cocine los fideos a fuego medio-alto, revolviendo ocasionalmente hasta que estén al dente,

aproximadamente 7 minutos. Escurrir y reservar. Precaliente el horno a 375°F.

b) En una sartén grande, caliente el aceite a fuego medio. Agrega la cebolla, tapa y cocina hasta que se ablande. Agregue el pimiento y el ajo y cocine hasta que se ablanden, 5 minutos más. Agregue los frijoles, los tomates, 1 cucharadita de chile en polvo y sal y pimienta negra al gusto. Mezcle bien y deje reposar.

c) En un tazón grande, combine el tofu, el perejil, la 1 cucharadita restante de chile en polvo y sal y pimienta negra al gusto. Dejar de lado. En un tazón mediano, combine la calabaza con la salsa y revuelva para mezclar bien. Sazone con sal y pimienta al gusto.

d) Extienda aproximadamente ¾ de taza de la mezcla de calabaza en el fondo de una fuente para hornear de 9 x 13 pulgadas. Cubra con 4 de los fideos. Cubra con la mitad de la mezcla de frijoles, seguida de la mitad de la mezcla de tofu.

e) Cubra con cuatro de los fideos, seguido de una capa de la mezcla de calabaza, luego la mezcla de frijoles restante, cubierta con los fideos restantes.

f) Extienda la mezcla restante de tofu sobre los fideos, seguida de la mezcla restante de calabaza, esparciéndola hasta los bordes de la sartén.

g) Cubra con papel aluminio y hornee hasta que esté caliente y burbujeante, aproximadamente 50 minutos. Destape, espolvoree con semillas de calabaza y deje reposar 10 minutos antes de servir.

30. Lasaña de Salsa Blanca

Ingrediente

Capa de salsa de tomate

- 6 cucharadas de aceite de oliva
- 1 cebolla, picada o rallada
- 1/2 libra de carne molida magra
- 3 dientes de ajo, picados
- lata pequeña de pasta de tomate
- 6 tazas de tomates cortados en cubitos, hechos puré en la licuadora
- 2 cucharaditas de orégano
- 2 hojas de laurel
- Condimentar con sal y pimienta

Capa de salsa blanca

- 3 cucharadas de mantequilla
- 3 cucharadas de harina
- 3- 1/2 taza de leche
- 8 oz. o 2 tazas de queso mozzarella, rallado
- También necesitarás:
- 1 libra de fideos de lasaña listos para el horno
- lasaña con salsa blanca

Direcciones

a) Para preparar la salsa de tomate, agregue aceite a una sartén grande y saltee la cebolla, el ajo y la carne molida. Cocine hasta que la carne ya no esté rosada, drene la grasa y vuelva a agregar al fuego. Agregue los tomates, la pasta de tomate, el orégano, las hojas de laurel y sazone con sal y pimienta. Deje hervir a fuego lento de 15 a 20 minutos, mientras prepara la salsa blanca.

b) Para preparar la salsa blanca, derrita la mantequilla en una cacerola. Batir la harina para hacer un roux. Batir la leche lentamente y dejar hervir y espesar varios minutos. Continúe revolviendo ocasionalmente. Después de varios minutos agregue el queso y revuelva hasta que se derrita. Quitar calor.

c) Sirva 1/2 taza o menos de salsa de tomate en el fondo de una fuente para horno. Coloque los fideos de lasaña sobre la salsa. Extienda la salsa blanca sobre los fideos. Continúe colocando capas de salsa de tomate, fideos y salsa blanca hasta que la sartén esté llena.

d) Asegúrese de que sus fideos en la parte superior tengan una capa de líquido, ya sea tomate o salsa blanca, cubriéndolos. Hornee a 350 grados durante 30-40 minutos o hasta que los fideos estén tiernos.

31.   Lasaña de requesón

Ingrediente

Mezcla de requesón

- 1 taza de queso mozzarella, rallado
- 1 taza de queso gruyere, rallado
- 2 tazas de requesón
- 3/4 taza de queso parmesano rallado
- 2 cucharadas de perejil
- 1 cucharada de condimento italiano
- 1 huevo batido
- pizca de sal y pimienta
- Reserve un poco de gruyere y mozzarella para cubrir. En un tazón, mezcle los quesos, el huevo y los condimentos. Revuelva juntos.

Ingredientes para lasaña

- 12 fideos de lasaña enteros, cocine según las instrucciones del paquete
- 4 tazas de espagueti o salsa de tomate

Direcciones:

a) Para armar su lasaña, cocine sus fideos o use fideos listos para usar. Vierta un poco de salsa de espagueti en el fondo de la cacerola.

b) Capa de fideos, mezcla de queso y salsa de espagueti. Continúe haciendo capas hasta que la mezcla se haya ido. Cubra con el queso gruyere y mozzarella restante. Cubra sin apretar con papel de aluminio y hornee a 350 grados durante 30 minutos.

c) Retire el papel aluminio y continúe horneando 15 minutos hasta que el queso se dore.

32. sopa de lasaña

Ingrediente

- 1 taza de agua
- 1 lata de pasta de tomate
- 2 dientes de ajo, picados
- 1 pimiento verde, cortado en cubitos pequeños
- 1 cebolla, picada pequeña o rallada
- 28 onzas tomates en lata, en puré o picados
- 1 ½ cucharaditas de condimento italiano
- 2 tazas de pasta, puedes encontrar pequeños fideos de lasaña llamados mafalda que son divertidos de usar
- sopa de fideos

Direcciones:

a) En una olla grande o una sartén para sopa, saltee la carne, el pimiento verde, el ajo y la cebolla hasta que la carne esté cocida. Escurra la grasa y regrese a la sartén.

b) Agregue los tomates, la pasta de tomate, el agua y los condimentos. Agregue la pasta y cocine a fuego lento hasta que la pasta esté lista.

33. Lasaña de pepperoni

Porciones: 12

Ingrediente

- 3/4 lb de carne molida
- 1/4 cucharaditas de pimienta negra molida
- 1/2 libra de salami, picado
- 9 fideos de lasaña
- 1/2 libra de salchicha de pepperoni, picada
- 4 tazas de queso mozzarella rallado
- 1 cebolla picada
- 2 tazas de requesón
- 2 latas (14.5 oz.) de tomates guisados
- 9 rebanadas de queso blanco americano
- 16 onzas. salsa de tomate
- Queso parmesano rallado
- 6 onzas. pasta de tomate
- 1 cucharadita de ajo en polvo
- 1 cucharadita de orégano seco
- 1/2 cucharaditas de sal

Direcciones

a) Freír el pepperoni, la carne de res, las cebollas y el salami durante 10 minutos. Retire el exceso de aceite. Ingrese todo en su olla de cocción lenta a fuego lento con un poco de pimienta, salsa y pasta de tomate, sal, tomates guisados, orégano y ajo en polvo durante 2 horas.

b) Encienda su horno a 350 grados antes de continuar.

c) Hierva su lasaña en agua salada hasta que esté al dente durante 10 minutos, luego retire toda el agua.

d) En su fuente para hornear, aplique una capa ligera de salsa y luego coloque una capa: 1/3 de fideos, 1 1/4 de taza de queso mozzarella, 2/3 de taza de requesón, rebanadas de queso americano, 4 cucharaditas de queso parmesano, 1/3 de carne. Continúe hasta que el plato esté lleno.

e) Cocine por 30 minutos.

34.   lasaña española

Porciones: 12

Ingrediente

- 4 tazas de tomates picados enlatados
- 1 envase (32 oz.) de queso ricotta
- 1 lata (7 oz.) de chiles verdes cortados en cubitos
- 4 huevos, ligeramente batidos
- 1 lata (4 oz.) de chiles jalapeños cortados en cubitos
- 1 paquete (16 oz.) estilo mexicano rallado cuatro 1 cebolla, cortada en cubitos
- mezcla de queso
- 3 dientes de ajo, picados
- 1 paquete (8 oz.) de fideos de lasaña sin cocinar
- 10 ramitas de cilantro fresco, picado
- 2 cucharadas de comino molido
- 2 libras. chorizo

Direcciones:

a) Hierva lo siguiente durante 2 minutos, luego cocine a fuego lento durante 55 minutos: cilantro, tomates, comino, chiles verdes, ajo, cebolla y jalapeños.

b) Tome un tazón, mezcle: huevos batidos y ricota.

c) Ajuste su horno a 350 grados antes de continuar.
d) Sofríe tus chorizos. Luego retire el exceso de aceite y desmenuce la carne.
e) En su fuente para hornear, aplique una capa ligera de salsa y luego coloque una capa: salchicha, 1/2 de su salsa, 1/2 queso rallado, fideos de lasaña, ricota, más fideos, toda la salsa restante y más queso rallado.
f) Cubra un poco de papel aluminio con spray antiadherente y cubra la lasaña. Cocine durante 30 minutos tapado y 15 minutos sin tapa.

35. Albahaca rigatoni vegana

Porciones: 6

Ingrediente

- 1 1/2 (8 oz.) paquetes de pasta rigatoni
- 6 hojas de albahaca fresca, en rodajas finas
- 2 cucharadas de aceite de oliva
- 6 ramitas de cilantro fresco, picado
- 2 dientes de ajo, picados
- 1/4 taza de aceite de oliva
- 1/2 paquete (16 oz.) de tofu, escurrido y
- cubicado
- 1/2 cucharaditas de tomillo seco
- 1 1/2 cucharaditas de salsa de soya
- 1 cebolla pequeña, en rodajas finas
- 1 tomate grande, en cubos
- 1 zanahoria, rallada

Direcciones:

a) Cocine la pasta de acuerdo con las instrucciones del paquete.
b) Coloque una sartén grande a fuego medio. Calentar 2 cucharadas de aceite de oliva en ella. Agregue el ajo y cocine por 1 min 30 seg.

c) Agregue el tomillo con el tofu. Cocínalos durante 9 min. Agregue la salsa de soya y apague el fuego.

d) Obtenga un tazón grande para mezclar: mezcle el rigatoni, la mezcla de tofu, la cebolla, el tomate, la zanahoria, la albahaca y el cilantro. Rocíe el aceite de oliva sobre la ensalada de pasta y sírvala.

36. Lasaña Clásica

Porciones: 8

Ingredientes
- 1 1/2 libras carne de res molida
- 2 huevos batidos
- 1 cebolla, picada
- 1 pinta de queso ricotta parcialmente descremado
- 2 dientes de ajo, picados
- 1/2 taza de queso parmesano rallado
- 1 cucharada de albahaca fresca picada
- 2 cucharadas de perejil seco
- 1 cucharadita de orégano seco
- 1 cucharadita de sal
- 2 cucharadas de azúcar moreno
- 1 libra de queso mozzarella, rallado
- 1 1/2 cucharaditas de sal
- 2 cucharadas de queso parmesano rallado
- 1 lata (29 oz.) de tomates cortados en cubitos
- 2 latas (6 oz.) de pasta de tomate
- 12 fideos secos de lasaña

Direcciones:

a) Sofríe el ajo, la cebolla y la carne de res durante 3 minutos y luego combínalos con: pasta de tomate, albahaca, tomates cortados en cubitos, orégano, 1,5 cucharaditas de sal y azúcar morena.

b) Ahora configure su horno a 375 grados antes de hacer cualquier otra cosa.
c) Comience a hervir la pasta en agua y sal durante 9 minutos y luego retire todos los líquidos.
d) Obtenga un tazón, combine: 1 cucharadita de sal, huevos, perejil, ricotta y parmesano.
e) Coloque un tercio de la pasta en una cacerola y cubra todo con la mitad de la mezcla de queso, un tercio de la salsa y la mitad de la mozzarella.
f) Continúe colocando capas de esta manera hasta que todos los ingredientes se hayan agotado.
g) Luego cubra todo con un poco más de queso parmesano.
h) Cocine la lasaña en el horno durante 35 minutos.
i) Disfrutar.

37. Lasaña de callos con pasta integral

RINDE DE 8 A 10 PORCIONES

Ingrediente

- 567 g (1¼ libras) de callos de panal
- ¼ de taza (60 ml) de aceite de oliva
- ½ taza (84 g) de cebolla amarilla finamente picada
- ½ taza (51 g) de apio finamente picado
- ½ taza (70 g) de zanahoria pelada y picada finamente
- 3 tomates San Marzano enteros grandes enlatados
- 4 tazas (946 ml) de leche entera
- 1½ tazas (150 g) de queso parmesano rallado
- Sal kosher y pimienta negra recién molida
- 1¾ libras (794 g)Masa de trigo integral y huevo entero, enrollado en hojas un poco menos de⅛pulgadas (3 mm) de espesor
- 4 tazas (946 ml)besamel, calentado

Direcciones:

a) Para cocinar los callos, ponga a hervir una olla grande de agua con sal. Agregue los callos y hierva, sin tapar, a ebullición constante durante 1 hora y media. Retire la olla del fuego y deje que los callos se enfríen en el líquido. Cuando la tripa esté lo suficientemente fría para manipularla, retírela del líquido y córtela en trozos de ½ pulgada (12 mm) de ancho. Desechar el líquido y reservar la tripa a un lado.

b) Caliente el aceite en una cacerola grande a fuego medio. Agrega la cebolla, el apio y la zanahoria y suda las verduras hasta que estén tiernas pero no doradas, de 4 a 6 minutos.

c) Agregue los tomates, aplastándolos con la mano mientras los agrega a la sartén. Cocine la mezcla hasta que los tomates comiencen a descomponerse, de 6 a 8 minutos.

d) Vierta la leche, suba el fuego a alto y hierva la mezcla. Agregue los callos, baje el fuego a bajo, cubra y cocine los callos, revolviendo de vez en cuando, hasta que estén tiernos y el líquido reduzca un poco el volumen, aproximadamente 2 horas.

e) Cuando la mezcla esté lista, debe tener la consistencia de un ragú. En ese momento, retira la sartén del fuego y agrega ½ taza (50 g) de queso parmesano. Pruebe el ragú, agregando sal y pimienta hasta que tenga buen sabor para usted. Dejar enfriar hasta que esté tibio y ligeramente espesado.

f) Mientras tanto, coloque una lámina de pasta sobre una superficie de trabajo ligeramente enharinada y recorte los bordes en ángulo recto. Los cortarás para un molde de 33 x 23 cm (13 x 9 pulgadas). Si tiene una sartén de otro tamaño, corte la pasta para que quepa en la sartén.

g) Corta la primera lámina de pasta en un trozo de aproximadamente 76 cm (30 pulgadas) de largo y de 7,5 a 10 cm (3½ a 4 pulgadas) de ancho.

h) Corta una segunda hoja de pasta de las mismas dimensiones, 30 pulgadas (76 cm) de largo y 3½ a 4 pulgadas (7,5 a 10 cm) de ancho. Corta las hojas restantes en pedazos de aproximadamente 35,5 cm (14 pulgadas) de largo y 10 cm (4 pulgadas) de ancho. Debes tener 6 piezas en total. Mientras trabaja, rocíe ligeramente la pasta con agua y cúbrala con toallas de cocina limpias para evitar que se seque.

i) Tenga listo un recipiente grande con agua helada. Pon a hervir una olla grande de agua con sal. Trabajando en lotes para evitar que se amontonen, coloque la pasta y cubra la olla para que el agua vuelva a hervir rápidamente. Blanquear la pasta durante 30 segundos. Usando pinzas o un colador de araña, transfiera cada pieza al agua helada durante aproximadamente 30 segundos para detener la cocción, luego coloque las piezas sobre toallas de cocina y séquelas.

j) Caliente el horno a 375°F (190°C). Unte con mantequilla generosamente una fuente para hornear de 33 x 23 cm (13 x 9 pulgadas). Coloque los dos trozos de pasta de 76 cm (30 pulgadas) a lo largo y uno al lado del otro en la fuente para hornear preparada, dejando que la longitud adicional cuelgue sobre un borde de la fuente. Vierta aproximadamente un cuarto (aproximadamente 1 taza/237 ml) del ragú sobre la pasta y luego vierta aproximadamente la misma cantidad de bechamel sobre el ragú.

k) Espolvorea con $\frac{1}{4}$ de taza (25 g) de queso parmesano. Cubra con una capa de dos trozos de pasta de 35,5 cm (14 pulgadas), seguida de una capa de ragú, una capa de bechamel y una capa de queso parmesano en las mismas cantidades que las primeras capas. Repita con otra capa de 35,5 cm (14 pulgadas) de longitud de pasta, ragú, bechamel y queso parmesano.

l) Dobla la pasta que sobresale por encima y mete los extremos de esos largos sobre los otros extremos en el plato para sellar la lasaña como un paquete. Cubra con una capa final de ragú, bechamel y queso parmesano, nuevamente en las mismas cantidades que las primeras capas.

m) Hornee la lasaña hasta que esté dorada por encima, de 45 minutos a 1 hora. Retíralo del horno y déjalo reposar de 15 a 20 minutos, luego córtalo en cuadrados o rectángulos.

38. Lasaña Clásica

Porciones: 12

Ingrediente

- 1 libra de salchicha italiana dulce
- 1 cucharada de sal
- 3/4 lb de carne molida de res magra
- 1/4 cucharaditas de pimienta negra molida
- 1/2 taza de cebolla picada
- 4 cucharadas de perejil fresco picado
- 2 dientes de ajo, triturados
- 12 fideos de lasaña
- 1 lata (28 oz.) de tomates triturados
- 16 onzas. queso ricotta
- 2 latas (6 oz.) de pasta de tomate
- 1 huevo
- 2 latas (6.5 oz.) de salsa de tomate enlatada
- 1/2 cucharaditas de sal
- 1/2 taza de agua
- 3/4 libra de queso mozzarella, rebanado
- 2 cucharadas de azúcar blanca
- 3/4 taza de queso parmesano rallado
- 1 1/2 cucharaditas de hojas secas de albahaca
- 1/2 cucharaditas de semillas de hinojo
- 1 cucharadita de condimento italiano

Direcciones:

a) Revuelve el ajo, la salchicha, la cebolla y la carne de res hasta que la carne esté completamente cocida. Luego agrega: 2
b) Cucharadas de perejil, tomates triturados, pimienta, pasta de tomate, 1 cucharada de sal, salsa de tomate, especias italianas, agua, semillas de hinojo, azúcar y albahaca.
c) Haga que la mezcla hierva, ajuste el fuego a bajo y deje que el contenido se cocine suavemente durante 90 minutos. Revuelva la mezcla al menos 4 veces.
d) Ahora haga hervir la pasta en agua y sal durante 9 minutos y luego retire los líquidos.
e) Consigue un bol, combina: 1/2 cucharadita de sal, ricota, el resto del perejil y los huevos.
f) Configure su horno a 375 grados antes de hacer cualquier otra cosa.
g) Cubra el fondo de una cacerola con 1.5 C. de la mezcla de carne y tomate, luego coloque seis piezas de lasaña encima.
h) Agregue la mitad de la mezcla de queso y luego 1/3 de la mozzarella.
i) Agregue 1.5 C. de mezcla de carne de tomate nuevamente y un cuarto de C. de parmesano.

j) Continúe colocando capas de esta manera hasta que todos los ingredientes se hayan agotado.
k) Intenta terminar con mozzarella y parmesano.
l) Tome un trozo grande de papel de aluminio y cúbralo con spray antiadherente, luego cubra la cacerola con el papel de aluminio y cocine todo en el horno durante 30 minutos.
m) Ahora quita el papel aluminio y continúa cocinando la lasaña por 20 minutos más.

39. Lasaña De Champiñones Y Espinacas A La Sartén

Hace: 8 porciones

Ingredientes:

- 16 onzas de queso ricotta, entero
- ¼ taza de albahaca, fresca y picada
- 1 huevo, grande
- 8 onzas de mezcla de queso italiano, rallado
- 2 onzas de queso parmesano
- pizca de sal y pimienta negra
- 3 cucharadas. de aceite de oliva, virgen extra
- 12 onzas de hongos shiitake
- 1 cebolla dulce, en rodajas finas
- 1 pimiento rojo, en rodajas finas
- 5 onzas de espinacas, baby y frescas
- 2 dientes de ajo
- 1 lata de 8 onzas de tomates, asados al fuego y cortados en cubitos
- 12 fideos de lasaña, sin hornear
- 10 onzas de salsa alfredo, light

Direcciones:

a) Primero, calienta el horno a 400 grados.

b) Mientras se calienta el horno, use un tazón grande y agregue el queso ricotta entero, la albahaca picada, el huevo grande, 1 taza de mezcla de queso italiano y $\frac{1}{4}$ de taza de queso parmesano. Revuelva bien para mezclar y sazone con una pizca de sal y pimienta negra.

c) Coloque una sartén grande a fuego medio a alto. Agrega 1 cucharada de aceite de oliva. Una vez que el aceite esté lo suficientemente caliente, agregue los champiñones. Cocine durante 5 a 7 minutos o hasta que estén ligeramente doradas.

d) Añade otra cucharada de aceite de oliva a la sartén. Una vez que el aceite esté lo suficientemente caliente, agregue la cebolla en rodajas y el pimiento en rodajas. Cocine durante 4 a 6 minutos o hasta que estén blandas. Transfiera a un tazón grande.

e) En el tazón, agregue los champiñones y los tomates. Revuelva bien para mezclar y sazone con una pizca de sal y pimienta negra.

f) Limpie la sartén y agregue el aceite de oliva restante. Coloque 4 fideos de lasaña en el fondo de la sartén. Cubra con 1/3 de la mezcla de vegetales.

g) Extienda la mezcla de ricota por encima y vierta la salsa Alfredo por encima. Repite esta capa dos veces más. Cubra con la mezcla de queso italiano restante y el queso parmesano restante.

h) Coloque en el horno para hornear durante 30 minutos o hasta que estén doradas. Retire y sirva con una pizca de albahaca en rodajas.

40. Lasaña de tomate con tapenade de aceitunas

Hace: 6 porciones

Ingredientes:
- 4 cucharadas. de mantequilla sin sal
- 2 cebollas Vidalia, grandes y en rodajas finas
- pizca de sal y pimienta negra
- 1 ½ cucharaditas. de azúcar blanco
- 12 fideos de lasaña
- 3 cucharadas. de aceite de oliva, virgen extra
- 6 cucharadas. de tapenade de aceitunas, negro
- 2 tomates, bistec
- 2 ramitas de romero, fresco
- 8 onzas de queso mozzarella, rallado
- 1 baguette, francesa

Direcciones:
a) Coloque una sartén mediana a fuego bajo a medio. Agregue 2 cucharadas de mantequilla y, una vez que la mantequilla se derrita, agregue las cebollas en rodajas y una pizca de sal. Cocine por 10 minutos o hasta que las cebollas estén doradas.

b) Agregue el azúcar blanca y aumente el fuego a medio. Cocine por 5 minutos o hasta que las cebollas comiencen a dorarse.

c) Luego, agregue 3 cucharadas de agua y desglase la sartén. Continúe cocinando durante 5 a 8 minutos o hasta que las cebollas estén bien caramelizadas. Dejar de lado.

d) Durante este tiempo, coloque una olla grande llena de agua con sal a fuego medio o alto. Lleve el agua a ebullición y agregue los fideos de lasaña. Cocine durante 8 a 10 minutos o hasta que los fideos de lasaña estén suaves. Escurrir y volver a colocar en la olla. Rocíe 1 cucharada de aceite de oliva sobre la parte superior de los fideos.

e) Luego calienta el horno a 350 grados. Mientras el horno se calienta, engrasa una fuente grande para horno con aceite de oliva.

f) Coloque 3 fideos en el fondo de la fuente para hornear. Extienda 2 cucharadas de la tapenade sobre los fideos. Luego, agregue 1/3 de los tomates, 1 cucharadita de romero, una pizca de pimienta negra, 1/3 de las cebollas caramelizadas y ½ taza de queso mozzarella. Repita con dos capas más y coloque 3 fideos de lasaña más encima. Rocíe el aceite de oliva restante sobre la parte superior.

g) Cubra la fuente para hornear con una hoja de papel de aluminio. Coloque en el horno para hornear durante 50 minutos o hasta que esté completamente cocido.

h) Rompa la baguette en pan rallado grande.

i) Luego, coloca una sartén grande a fuego medio. Agregue la mantequilla restante y, una vez que la mantequilla se derrita, agregue el pan rallado. Mezcle para cubrir y cocine durante 5 a 10 minutos o hasta que esté ligeramente tostado.

j) Retire la lasaña del horno y cubra con el pan rallado y el queso mozzarella restante. Vuelva a colocar en el horno para hornear durante 5 minutos o hasta que el queso se derrita por completo.

k) Retire del horno y deje reposar durante 10 minutos antes de servir.

41. Lasaña de alcachofas y espinacas

Hace: 8 porciones

Ingredientes:
- Un poco de spray para cocinar
- 9 fideos de lasaña, sin cocer
- 1 cebolla, picada
- 4 dientes de ajo, picados
- 1 lata de 14.5 onzas de caldo de verduras
- 1 cucharadas. de romero, fresco y picado en trozos grandes
- 1 lata de 14 onzas de corazones de alcachofa, escurridos y picados
- 1 paquete de 10 onzas de espinacas, congeladas, descongeladas, picadas y escurridas
- 1 frasco de 28 onzas de salsa de tomate
- 3 tazas de queso mozzarella, rallado y dividido uniformemente
- 1 paquete de 4 onzas de queso feta, hierbas y ajo y desmenuzado

Direcciones:

a) Primero, calienta el horno a 350 grados. Mientras el horno se calienta, rocíe un molde para hornear grande con un poco de aceite en aerosol.

b) Coloque una olla grande llena de agua con sal a fuego alto. Una vez que el agua comience a hervir, agregue los fideos. Cocine durante 8 a 10 minutos o hasta que estén blandas. Escurrir la pasta y reservar.

c) Coloque una sartén grande a fuego medio a alto. Rocíe con un poco de aceite en aerosol y una vez que la sartén esté lo suficientemente caliente, agregue la cebolla y el ajo. Cocine por 3 minutos o hasta que la cebolla esté tierna.

d) Añadir en la lata de caldo de verduras y romero fresco. Revuelva para mezclar y llevar esta mezcla a ebullición. Agregue los corazones de alcachofas y las espinacas escurridas.

e) Reduzca el fuego a bajo y cubra. Cocine por 5 minutos antes de agregar la salsa para pasta.

f) Extienda $\frac{1}{4}$ de la mezcla de alcachofas en el fondo de la fuente para hornear. Cubra esta mezcla con 3 de los fideos de lasaña cocidos. Espolvorea $\frac{3}{4}$ de taza de queso mozzarella sobre los fideos. Repite estas capas dos veces más, asegurándote de terminar con la alcachofa y el queso mozzarella. Cubra con el queso feta desmenuzado.

g) Coloque en el horno para hornear durante 40 minutos mientras se cubre con una hoja de papel de aluminio. Retire la hoja de papel de aluminio y continúe horneando durante 15 minutos más.

h) Retire y deje reposar durante 10 minutos antes de servir.

HORNEADOS DE LASAÑA

42. Horneado Alfredo De Camarones Al Ajillo

Hace: 4 porciones

Ingredientes:
- 10 onzas de penne
- 3 cucharadas. de mantequilla
- 3 dientes de ajo, picados
- 1 libra de camarones, pelados y desvenados
- 3 cucharadas. de perejil, fresco y picado
- 2 cucharadas. de harina para todo uso
- $\frac{3}{4}$ taza de leche, entera
- $\frac{1}{4}$ taza de caldo de pollo, bajo en sodio
- 1 taza de queso mozzarella, rallado
- $\frac{1}{4}$ de taza + 2 Cucharadas. de queso parmesano, rallado
- pizca de pimienta negra y sal
- 2 tomates, grandes y picados

Direcciones:

a) Calentar el horno a 350 grados.

b) Mientras el horno se calienta, coloque una olla grande de agua sazonada con sal a fuego alto. Llevar a ebullición. Una vez que el agua esté hirviendo, agregue el penne y cocine durante 8 a 10 minutos o hasta que esté tierno. Una vez blanda, escurrir la pasta y reservar.

c) Coloque una sartén grande a fuego medio. Agregue una cucharada de mantequilla. Una vez que la mantequilla se derrita, agregue el ajo picado, los camarones pelados y el perejil picado. Sazone con una pizca de sal y cocine por 2 minutos por cada lado o hasta que vea que están rosados. Retire y transfiera los camarones a un plato grande.

d) Agregue la mantequilla restante en la sartén. Una vez derretida, agregue la harina y bata hasta que quede suave. Cocine durante 1 a 2 minutos o hasta que adquiera un color dorado.

e) Agregue la leche entera y el caldo de pollo bajo en sodio. Revuelva para mezclar y llevar esta mezcla a fuego lento. Agregue $\frac{3}{4}$ de taza de queso mozzarella rallado y $\frac{1}{4}$ de taza de queso parmesano rallado. Revuelva bien y continúe cocinando hasta que tenga una consistencia cremosa. Sazone con una pizca de sal y pimienta negra.

f) Agregue los camarones nuevamente a la sartén junto con los tomates y el penne cocido. Mezcle para mezclar. Agregue más leche si la salsa es demasiado espesa.

g) Vierta la mezcla de pasta en una fuente grande para hornear. Espolvorea la mozzarella restante y el queso parmesano por encima.

h) Coloque en el horno para hornear durante 5 a 7 minutos o hasta que el queso se derrita por completo.

i) Cambie el horno a asar y ase el plato durante 3 minutos o hasta que la parte superior esté dorada.

j) Retirar y servir inmediatamente con una guarnición de perejil picado.

43.   Conchas De Pasta Rellenas Caprese

Hace: 4 porciones

Ingredientes:

- 15 proyectiles gigantes
- 2 tazas de queso ricota
- 1 taza de queso mozzarella, rallado
- ¾ taza de tomates secados al sol, envasados en aceite de oliva, picados y divididos uniformemente
- 2 cucharadas. de albahaca, fresca y picada
- pizca de sal y pimienta negra
- ½ taza de caldo de pollo, bajo en sodio
- ½ taza de crema espesa

Direcciones:

a) Calentar el horno a 350 grados.

b) Mientras el horno se calienta, coloque una olla grande de sopa con agua salada a fuego alto. Llevar a ebullición. Una vez que el agua comience a hervir, agregue las conchas de pasta. Cocine según las instrucciones del paquete hasta que estén tiernos. Escurrir y dejar enfriar.

c) Use un tazón grande para mezclar y agregue el queso ricotta, el queso mozzarella rallado, la albahaca picada y la mitad de los tomates. Sazone con una pizca de sal y pimienta negra. Revuelva bien para mezclar.

d) Luego use una cacerola pequeña, a fuego lento, para agregar el caldo de pollo, la crema y los tomates restantes. Lleve esta mezcla a fuego lento y cocine por 5 minutos.

e) Vierta la salsa en una fuente grande para hornear.

f) Vierta la mezcla de queso ricotta en las conchas y agréguela a la fuente para hornear. Vierta un poco de la salsa sobre las conchas.

g) Coloque en el horno para hornear durante 20 minutos o hasta que el queso se derrita. Retire y sirva de inmediato.

44. Bucatini con Pesto y Patatas Dulces

Hace: 4 porciones

Ingredientes:

- 1 camote, pelado y cortado en cubos
- 1 cebolla roja, cortada en gajos pequeños
- 1/3 taza + 2 Cucharadas. de aceite de oliva, dividido uniformemente
- pizca de sal y pimienta negra
- 4 tazas de col rizada, fresca y desgarrada
- ½ taza de perejil, de hoja plana y fresco
- 2 onzas de queso parmesano, recién rallado y extra para servir
- 1 diente de ajo
- 2 cucharaditas de ralladura de limón
- 1 ½ cucharadas. de jugo de limón, fresco
- 12 onzas de bucatini
- Piñones, ligeramente tostados y para servir

Direcciones:

a) Primero, caliente el horno a 425 grados.

b) Mientras se calienta el horno, use una bandeja para hornear grande y agregue las papas en cubos, los gajos de cebolla y las dos cucharadas de aceite de oliva. Mezcle para mezclar. Sazone con una pizca de sal y pimienta negra.

c) Coloque en el horno para hornear durante 24 a 26 minutos o hasta que las papas y los gajos de cebolla estén suaves.

d) Durante este tiempo, coloque la col rizada y el perejil picado en un procesador de alimentos. Pulse 5 veces o hasta que esté picado. Luego agregue el queso parmesano, el diente de ajo, la ralladura de limón fresco y el jugo de limón fresco. Pulse de nuevo por otras 12 veces.

e) Rocíe lentamente el 1/3 de taza restante de aceite de oliva en la mezcla y continúe pulsando. Sazone con una pizca de sal y pimienta negra.

f) A continuación, cocine la pasta en agua hirviendo hasta que esté suave. Una vez cocida, escurrir la pasta y reservar. Asegúrate de reservar $\frac{1}{4}$ de taza del agua de la pasta.

g) Agregue la pasta cocida, el pesto recién hecho y las verduras asadas en un tazón grande. Mezcle para mezclar. Vierta el agua de la pasta y revuelva nuevamente para mezclar.

h) Servir inmediatamente con un topping de queso parmesano y los piñones tostados.

45. Horneado Alfredo De Pollo Búfalo

Hace: 6 porciones

Tiempo total de preparación: 55 minutos

Ingredientes:

- ¼ taza de salsa búfalo
- 2 tazas de pollo asado, cortado en cubitos
- 15 onzas de salsa alfredo
- 8 onzas de queso mozzarella, rallado
- 16 onzas de pasta de concha, cocida

Direcciones:

a) Primero, calienta el horno a 350 grados.

b) Mientras el horno se calienta, use un tazón pequeño y agregue la salsa de búfalo y el pollo cortado en cubitos. Revuelva bien para mezclar y reserve.

c) Usando un tazón mediano separado, agregue la salsa alfredo, la pasta de concha cocida y 3 onzas de queso mozzarella. Revuelva bien para mezclar y reserve.

d) Coloque la mitad de la mezcla de pasta en una fuente grande para hornear. Cubra con la mezcla de pollo y cubra con la mezcla de pasta restante. Espolvorea el queso mozzarella restante por encima.

e) Cubra con una hoja de papel de aluminio. Coloque en el horno para hornear durante 30 minutos.

f) Pasado este tiempo, retira el papel aluminio y continúa horneando por otros 5 a 10 minutos o hasta que el queso se derrita y burbujee.

g) Retire del horno y deje reposar durante 5 minutos antes de servir.

46. macarrones con queso y queso

Hace: 8 porciones

Ingredientes:

- 1 libra de macarrones de codo
- pizca de sal y pimienta negra
- 12 onzas de queso americano, blanco
- 8 onzas de queso cheddar, extra fuerte
- 6 cucharadas. de mantequilla sin sal
- 6 cucharadas. de harina para todo uso
- 4 tazas de leche, entera
- 2 latas de 8 onzas de tomates y chiles verdes, cortados en cubitos
- 1 lata de 8 onzas de chiles verdes, suaves
- $\frac{1}{2}$ taza de hojas de cilantro, frescas y picadas
- 1 taza de chips de tortilla, triturados
- $\frac{1}{2}$ cucharaditas. de chile en polvo

Direcciones:

a) Primero, caliente el horno a 425 grados.

b) Mientras el horno se calienta, cocina la pasta en una olla con agua según las instrucciones del paquete. Una vez cocida la pasta, escurrir y reservar.

c) En un tazón mediano, agregue el queso americano y el queso cheddar. Revuelva bien para mezclar.

d) Coloque un horno holandés grande a fuego medio. Agregue la mantequilla sin sal. Una vez que la mantequilla se derrita, agregue la harina. Batir hasta que quede suave y cocinar por 1 minuto. Agregue la leche y bata para mezclar. Continúe cocinando por 8 minutos o hasta que tenga una consistencia espesa.

e) Agregue los tomates enlatados y los chiles. Cocine por 2 minutos antes de retirar del fuego.

f) Agregue 4 tazas de la mezcla de queso y revuelva bien hasta que tenga una consistencia suave.

g) Agregue la pasta cocida y el cilantro. Mezcle bien para mezclar y sazone con una pizca de sal y pimienta negra.

h) Transfiera esta mezcla a una fuente grande para hornear engrasada.

i) Agregue los chips de tortilla, el chile en polvo y la taza de queso restante en un tazón pequeño.

Revuelva bien para mezclar y espolvorear sobre la parte superior de la pasta.

j) Coloque en el horno para hornear durante 12 a 15 minutos.

k) Retire y sirva con una guarnición de cilantro.

47. Pajaritas Cremosas De Pollo Y Pesto De Brócoli

Hace: 4 porciones

Ingredientes:
- 2 tazas de brócoli, cortado en floretes
- pizca de sal y pimienta negra
- 1 manojo de albahaca, fresca y picada
- 2 dientes de ajo
- ¼ de taza de aceite de oliva, virgen extra
- 2 cucharaditas de ralladura de limón, fresca
- 3 onzas de queso parmesano, recién rallado
- 4 onzas de mascarpone
- 2 tazas de pollo asado, desmenuzado
- 1/3 taza de pecanas, tostadas y picadas
- ½ libra de farfalle
- ¼ de cucharaditas. de hojuelas de pimiento rojo, triturado

Direcciones:

a) Primero, cocina el brócoli en un poco de agua con sal en una olla grande a fuego medio. Cocine por 5 minutos o hasta que estén blandas. Transferir a un tazón grande.

b) Agregue la pasta junto al agua y cocine de acuerdo con las instrucciones del paquete. Una vez que la pasta esté cocida, escurrir la pasta y reservar.

c) Use un procesador de alimentos y agregue la albahaca picada, los dientes de ajo, las hojuelas de pimiento rojo triturado y el queso parmesano. Pulse en la configuración más alta hasta que esté picado. Luego agregue el brócoli y pulse de 4 a 6 veces hasta que esté picado en trozos grandes. Sazone con una pizca de sal y pimienta negra.

d) Agregue el pesto en un tazón grande junto con el mascarpone. Agregue la pasta cocida y revuelva para cubrir. Agregue el pollo y doble suavemente para incorporar.

e) Servir inmediatamente.

48. Espaguetis con Cebolla Roja y Tocino

Hace: 6 porciones

Ingredientes:

- pizca de sal y pimienta negra
- 1 libra de espagueti
- 1 ¼ libra de tocino, corte grueso
- 1 cebolla roja, mediana y en rodajas finas
- 1 lata de 8 onzas de tomates, enteros y pelados
- .13 cucharaditas. de hojuelas de pimiento rojo, triturado
- 1 ½ onza de Pecorino Romano

Direcciones:

a) Llena una olla grande con agua con sal. Calienta a fuego medio y lleva el agua a ebullición. Una vez que hierva, agregue los espaguetis y cocine durante 8 a 10 minutos o hasta que estén tiernos. Una vez cocido, escurrir y reservar.

b) Coloque una sartén grande a fuego medio. Agregue el tocino y cocine por 5 minutos o hasta que esté suave.

c) Luego, agregue la cebolla roja en rodajas y continúe cocinando durante 10 minutos o hasta que las cebollas estén transparentes.

d) Agregue los tomates enlatados y las hojuelas de pimiento rojo triturado. Revuelva bien para mezclar y continúe cocinando por 8 minutos o hasta que la salsa se reduzca.

e) Agregue la pasta y $\frac{1}{4}$ de taza de agua de pasta en la sartén. Revuelva bien para mezclar.

f) Sazone con una pizca de sal y pimienta. Sirva con una pizca de Pecorino Romano.

49. Pasta Con Salchicha Y Brócoli Rabe

Hace: 6 porciones

Ingredientes:

- 12 onzas de salchicha de pollo italiana
- 2 cucharadas. de aceite de oliva, virgen extra
- 1 manojo de brócoli rabe
- $\frac{1}{2}$ libra de pasta cavatelli
- 4 dientes de ajo

Direcciones:

a) Coloque la salchicha de pollo y $\frac{1}{2}$ taza de agua en una sartén grande. Ponga la sartén a fuego bajo a medio. Tape y deje cocinar por 10 minutos. Pasado este tiempo escurrir la salchicha. Cortar la salchicha en rodajas de 1/3 de pulgada.

b) Usando la misma sartén, agregue el aceite de oliva y ponga a fuego medio a alto. Agregue la salchicha de pollo y cocine por 6 minutos o hasta que se dore. Retire y coloque la salchicha en un plato grande.

c) Coloque una olla grande de agua sazonada con sal a fuego medio. Agregue el brócoli rabe y cocine durante 1 a 2 minutos o hasta que las hojas estén ligeramente marchitas. Transfiera el brócoli a un colador grande y escúrralo.

d) Agregue los cavatelli a la olla y cocine de acuerdo con las instrucciones del paquete.

e) Usando la misma sartén colocada a fuego medio a alto, agregue el brócoli rabe y el ajo. Cocine por 4 minutos o hasta que el brócoli esté suave. Agregue la salchicha y reduzca el fuego a bajo.

f) Cuele los cavatelli cocidos y guarde $\frac{1}{2}$ taza del agua de la pasta. Agrega el agua a la sartén y la pasta. Desglasar la sartén y revolver para mezclar.

g) Retire del fuego y sirva de inmediato.

50.   macarrones con queso gruyere

Hace: 8 porciones

Ingredientes:

- 1 libra de macarrones de codo
- 3 tazas de queso gruyere, rallado
- 3 tazas de mitad y mitad
- 4 yemas de huevo, grandes
- 3 cucharadas. de mantequilla sin sal
- Pizca de sal

Direcciones:

a) Primero, calienta el horno a 325 grados.

b) Mientras el horno se calienta, coloque una olla grande de agua con sal a fuego medio o alto. Llevar el agua a ebullición. Una vez que el agua esté hirviendo, agregue los macarrones. Cocine de acuerdo con las instrucciones en el paquete. Una vez cocidos, escurrir los macarrones y enjuagar con agua corriente. Escurrir y colocar en un tazón grande.

c) Agregue 2 y 2/3 tazas de queso Gruyere en el tazón con los macarrones cocidos. Mezcle para mezclar.

d) Use un tazón pequeño y agregue la mitad y la mitad, las yemas de huevo grandes y 3 cucharadas de mantequilla derretida. Revuelva bien para mezclar y vierta esta mezcla sobre la pasta cocida.

e) Transfiera esta mezcla a una fuente grande para hornear. Cubra con una hoja de papel de aluminio.

f) Coloque en el horno para hornear durante 30 minutos. Pasado este tiempo retira el plato de macarrones del horno. Espolvorea el gruyere restante por encima.

g) Vuelva a colocar en el horno para hornear durante 20 a 25 minutos o hasta que la parte superior esté dorada.

h) Retire y sirva de inmediato.

51. Espaguetis de trigo integral con tomates cherry

Hace: 6 porciones

Ingredientes:

- 2 pintas de tomates cherry
- pizca de sal y pimienta negra
- 1 ramita de hojas de tomillo, frescas
- $\frac{1}{2}$ taza de aceite de oliva, virgen extra
- 1 cucharadita. de aceite de oliva, virgen extra
- 1 libra de espaguetis, de trigo integral
- 1/3 taza de perejil, fresco y picado
- 6 cucharadas. de queso ricota

Direcciones:

a) Primero, calienta el horno a 325 grados.

b) Mientras el horno se calienta, coloque los tomates en una bandeja para hornear grande. Sazone con una pizca de sal y una pizca de hojas de tomillo. Rocíe $\frac{1}{4}$ de taza de aceite de oliva por encima.

c) Coloque en el horno para asar durante 20 a 25 minutos o hasta que estén blandas.

d) Coloque una olla grande de agua con sal a fuego medio. Llevar el agua a ebullición. Una vez que esté hirviendo, agregue los espaguetis. Cocine durante 8 a 10 minutos o hasta que estén blandas. Escurrir y colocar en un tazón grande.

e) Agregue el perejil picado, $\frac{1}{4}$ de taza de aceite de oliva y tomates asados en el tazón con los espaguetis cocidos. Sazone con una pizca de sal y pimienta negra. Mezcle para mezclar.

f) Sirva inmediatamente con 1 cucharada de queso ricotta y una cucharadita de aceite de oliva rociada por encima.

52. Fettuccine Alfredo

Hace: 6 porciones

Ingredientes:

- 24 onzas de pasta fettuccini, seca
- 1 taza de mantequilla
- $\frac{3}{4}$ pinta de crema espesa
- pizca de sal y pimienta negra
- pizca de sal de ajo
- $\frac{3}{4}$ taza de queso romano, rallado
- $\frac{1}{2}$ taza de queso parmesano, rallado

Direcciones:

a) Llena una olla grande con agua con sal. Ponga a fuego medio a alto y hierva el agua. Una vez que el agua esté hirviendo, agregue la pasta fettuccini y cocine durante 8 a 10 minutos o hasta que esté suave. Una vez blanda, escurrir la pasta y reservar.

b) Luego use una cacerola grande y ponga a fuego lento. Agregue la mantequilla. Una vez que la mantequilla se derrita, agregue la crema espesa.

c) Sazone la salsa con una pizca de sal y pimienta negra. Sazone con una pizca de sal de ajo.

d) Agregue el queso romano y parmesano. Revuelva hasta que el queso se derrita y tenga una consistencia espesa.

e) Agregue la pasta a la salsa y revuelva para cubrir.

f) Retire del fuego y sirva de inmediato.

53. macarrones con queso con pollo

Hace: 4 porciones

Tiempo total de preparación: 1 hora y 20 minutos

Ingredientes:
- 3 cucharadas. de mantequilla sin sal
- 1 ½ cucharaditas de sal marina
- pizca de pimienta negra y sal
- ½ libra de pasta penne
- 1 cucharadas. de aceite de oliva, virgen extra
- 1 cebolla, pequeña y en rodajas finas
- 1 ½ taza de queso mozzarella, ahumado y rallado
- 1 ½ taza de pollo asado, cocido y desmenuzado
- 1 taza de Queso Parmigiano-Reggiano, rallado
- 1 cucharadas. de romero, fresco y picado en trozos grandes
- 3 cucharadas. de harina para todo uso
- 2 ½ tazas de leche, entera
- 2 dientes de ajo

Direcciones:
a) Primero, calienta el horno a 450 grados. Mientras el horno se calienta, enmantequilla una fuente grande para hornear.

b) Coloque una olla grande llena de agua con sal a fuego medio a alto. Una vez que el agua esté hirviendo, agregue la pasta penne. Cocine por 11 minutos o hasta que la pasta esté suave. Una vez suave. Escurra la pasta y pásela por agua fría. Escurra la pasta nuevamente y colóquela en un tazón grande.

c) Coloque una sartén mediana a fuego medio. Agregue el aceite de oliva y, una vez que el aceite esté lo suficientemente caliente, agregue la cebolla en rodajas y una pizca de sal marina. Cocine por 10 minutos o hasta que la cebolla esté suave y dorada. Agregue la cebolla a la pasta y revuelva para mezclar.

d) Agregue el queso mozzarella, el pollo asado, 2/3 de taza de queso parmesano y romero fresco en el tazón con la pasta y las cebollas. Mezcle para mezclar.

e) Use una cacerola mediana y póngala a fuego medio-bajo. Agregue la mantequilla. Una vez que la mantequilla se derrita, agregue la harina para todo uso. Batir durante 3 minutos o hasta que quede suave. Luego, agregue la leche y continúe batiendo hasta que se mezcle.

f) Agregue los dientes de ajo y 1 $\frac{1}{2}$ cucharaditas. de sal marina. Revuelva para mezclar y llevar la mezcla a fuego lento. Reduzca el fuego a bajo y continúe cocinando mientras bate hasta que la mezcla tenga una consistencia espesa. Tirar los dientes de ajo y agregar la salsa a la pasta.

g) Sazone con una pizca de pimienta. Mezcle para cubrir la pasta.

h) Transfiera la mezcla a la fuente para hornear engrasada.

i) Espolvorea el queso parmesano restante por encima y sazona con una pizca de pimienta.

j) Coloque en el horno para hornear durante 12 a 15 minutos o hasta que estén dorados. Retire y deje reposar durante 15 minutos antes de servir.

54. Rigatoni con salchicha, guisantes y champiñones

Hace: 6 porciones

Ingredientes:

- 1 ¼ de libra de salchicha italiana, dulce
- pizca de sal y pimienta negra
- 12 onzas de rigatoni
- 12 champiñones blancos, grandes
- ½ taza de vino blanco, seco
- 1 diente de ajo, entero
- 1 ramita de tomillo, fresco
- Hojas de tomillo, para decorar
- 1 ½ taza de guisantes, frescos
- 1 taza de crema espesa
- 2 cucharadas. de mantequilla sin sal

Direcciones:

a) Coloque una sartén grande a fuego medio. Agregue la salchicha y 1 ¼ tazas de agua. Cocine por 10 minutos antes de transferir a una tabla de cortar. Cortar en monedas gruesas. Tira el agua.

b) Usando la misma sartén a fuego medio a alto, agregue las monedas de salchicha y cocine durante 3 a 4 minutos por cada lado o hasta que estén doradas. Retire y coloque en un plato grande.

c) Durante este tiempo coloque una olla grande llena de agua con sal a fuego alto. Una vez que el agua esté hirviendo, agregue el rigatoni. Cocine de acuerdo con las instrucciones del paquete y luego escurra. Asegúrate de reservar 1/3 taza del agua de la pasta. Dejar de lado.

d) En la misma sartén a fuego medio a alto, agregue los champiñones. Cocine en la grasa de la salchicha durante 8 minutos o hasta que estén doradas.

e) Agregue el vino seco y desglase el fondo de la sartén.

f) Agregue la salchicha en la sartén. Agregue el agua de pasta reservada y los guisantes frescos. Agregue la crema espesa y revuelva para mezclar. Continúe cocinando durante 6 a 8 minutos o hasta que la mezcla tenga una consistencia espesa. Retire el tomillo y el ajo.

g) Agregue la mantequilla y sazone con una pizca de sal y pimienta negra.

h) Agregue el rigatoni cocido y revuelva para cubrir. Cocine durante 2 a 3 minutos.

i) Retire del fuego y sirva con una guarnición de tomillo.

55. Penne clásico a la vodka

Hace: 6 porciones

Tiempo total de preparación: 45 minutos

Ingredientes:

- 2 cucharadas. de aceite de oliva, virgen extra
- 2 dientes de ajo, picados
- 1 lata de 28 onzas de tomates, enteros y pelados
- $\frac{1}{2}$ taza de albahaca, fresca y picada
- pizca de sal y pimienta negra
- $\frac{1}{4}$ taza de vodka
- 1 libra de pasta penne
- 1 pinta de crema espesa

Direcciones:

a) Coloque una sartén grande a fuego medio. Agregue el aceite de oliva y, una vez que el aceite esté lo suficientemente caliente, agregue el ajo. Cocine durante 1 a 2 minutos.

b) Agrega los tomates y rómpelos con un tenedor.

c) Agregue la albahaca picada y sazone con una pizca de sal y pimienta negra. Cocine a fuego lento durante 15 minutos.

d) Agregue el vodka y revuelva bien para incorporar. Continúe cocinando por 15 minutos adicionales.

e) Durante este tiempo hacer la pasta. Para hacer esto, coloque una olla grande llena de agua con sal a fuego alto. Una vez que el agua comience a hervir, agregue la pasta penne. Cocine durante 8 a 10 minutos o hasta que estén blandas. Escurrir y reservar.

f) Agregue la crema espesa a la salsa y continúe cocinando durante 10 minutos.

g) Retire del fuego y agregue la pasta cocida. Mezcle para mezclar y sirva inmediatamente.

56. Cazuela De Langosta Y Fideos

Hace: 4 porciones

Tiempo total de preparación: 1 hora

Ingredientes:

- 2 langostas, frescas
- 3 cucharadas. de sal
- ½ cucharaditas. de sal
- 3 cucharadas. de mantequilla
- 1 chalota
- 1 cucharadas. de pasta de tomate
- 3 dientes de ajo
- ¼ taza de brandy
- ½ taza de crema espesa
- 1 cucharadita. de pimienta negra
- ½ libra de fideos de huevo
- 1 cucharadas. de jugo de limón, fresco
- 6 ramitas de tomillo

Direcciones:

a) Lo primero que querrás hacer es cocinar las langostas. Para hacer esto, llene un tazón grande hasta la mitad con agua helada. Dejar de lado.

b) Luego, coloca una olla grande con agua a fuego alto. Agregue 3 cucharadas de sal y hierva el agua. Una vez que el agua esté hirviendo, sumerja las langostas. Reduzca el fuego a bajo y cocine tapado durante 4 minutos.

c) Después de este tiempo, transfiera inmediatamente las langostas al baño de hielo preparado.

d) Una vez enfriado, rompa las conchas y retire la carne de la cola y las patas. Ponga las conchas a un lado.

e) Picar la carne de langosta en trozos pequeños. Dejar de lado.

f) Primero calienta el horno a 350 grados. Mientras el horno se calienta, tome una fuente grande para hornear y cubra con 1 taza de harina y mantequilla.

g) Coloque una sartén mediana a fuego medio y agregue la mantequilla. Una vez que la mantequilla se derrita, agregue la chalota. Cocine durante 1 a 2 minutos o hasta que estén blandas.

h) Luego agregue las conchas de pasta reservadas, la pasta de tomate y el ajo. Revuelva bien para mezclar y cocine por 5 minutos.

i) Retire la sartén del fuego y agregue el brandy. Regresar al fuego y batir para mezclar. Reduzca el fuego a bajo y agregue $1\frac{1}{2}$ tazas de agua. Deje que continúe cocinando durante 15 minutos o hasta que tenga una consistencia espesa.

j) Cuele la mezcla y agregue la crema, $\frac{1}{2}$ cucharaditas. de sal, y 1 cucharadita. de pimienta negra.

k) Vierta la crema nuevamente en la sartén y agregue los fideos de huevo, la carne de langosta cocida y el jugo de limón fresco. Mezcle para cubrir.

l) Vierta la mezcla en la fuente para hornear preparada. Cubra con una hoja de papel de aluminio y coloque en el horno para hornear durante 20 minutos o hasta que la carne de langosta esté completamente cocida.

m) Retirar y servir inmediatamente con una guarnición de ramitas de tomillo.

57. Pajaritas con Salchicha, Tomates y Nata

Hace: 6 porciones

Ingredientes:

- 1 paquete de 12 onzas de pasta de pajarita
- 2 cucharadas. de aceite de oliva, virgen extra
- 1 libra de salchicha italiana, dulce, sin tripas y desmenuzada
- ½ cucharaditas. de hojuelas de pimiento rojo, triturado
- ½ taza de cebolla, picada
- 3 dientes de ajo, picados
- 1 lata de 28 onzas de tomates ciruela, italianos, escurridos y picados en trozos grandes
- 1 ½ tazas de crema espesa
- ½ cucharaditas. de sal
- 3 cucharadas. de perejil, fresco y picado

Direcciones:

a) Primero coloque una olla grande llena de agua con sal a fuego alto. Lleve el agua a ebullición y agregue la pasta de pajarita. Cocine durante 8 a 10 minutos o hasta que estén blandas. Escurrir y reservar.

b) Coloque una sartén grande a fuego medio. Agregue el aceite de oliva. Una vez que el aceite esté lo suficientemente caliente, agregue la salchicha y las hojuelas de pimiento rojo triturado. Cocine durante 5 a 10 minutos o hasta que se dore.

c) Luego, agregue la cebolla en rodajas y el ajo picado. Revuelva bien para mezclar y continúe cocinando durante 5 minutos o hasta que la cebolla esté suave.

d) Agregue los tomates, la crema espesa y $\frac{1}{2}$ cucharaditas. de sal. Revuelva para mezclar y deje cocinar a fuego lento durante 8 a 10 minutos.

e) Después de este tiempo, agregue la pasta cocida y revuelva para cubrir. Cocine durante 1 a 2 minutos o hasta que esté bien caliente.

f) Retire del fuego y sirva inmediatamente con una pizca de perejil fresco.

58. Pavo y Porcini Tetrazzini

Hace: 6 porciones

Ingredientes:
- 1 paquete de hongos porcini, secos
- 2 ½ taza de pavo asado, grande
- 8 onzas de fideos de huevo, anchos
- 3 cucharadas. de aceite de oliva, virgen extra
- 3 cucharadas. de chalotes, picados
- 1 cucharadita. de hojas de tomillo, frescas y picadas
- pizca de pimienta de cayena
- 3 cucharadas. de harina para todo uso
- 2 ½ tazas de leche, entera
- 1 cucharadas. de coñac
- ¼ de cucharaditas. de sal
- ½ taza de queso parmesano, rallado
- ½ taza de pan rallado

Direcciones:

a) Primero, calienta el horno a 325 grados.

b) Mientras el horno se calienta, agregue los champiñones en un tazón grande. Cubrir con agua y dejar en remojo durante unos minutos. Pasado este tiempo, escurre y reserva 1 ½ tazas del líquido del remojo. Pica los champiñones en trozos pequeños y agrégalos a un tazón grande.

c) En el tazón, agregue el pavo asado y los fideos de huevo. Mezcle para mezclar.

d) Coloque una sartén grande a fuego medio. Añadir un toque de aceite de oliva. Una vez que el aceite esté lo suficientemente caliente, agregue los chalotes en rodajas. Cocine por 5 minutos o hasta que estén blandas. Agregue las hojas de tomillo fresco y una pizca de pimienta de cayena. Continúe cocinando durante 2 minutos o hasta que los chalotes estén dorados.

e) Luego agregue la harina para todo uso y cocine durante 1 a 2 minutos o hasta que se dore.

f) Agregue la leche entera, el coñac y el líquido de remojo reservado. Desglasar el fondo de la sartén y sazonar con $\frac{1}{4}$ de cucharadita. de sal.

g) Lleve la mezcla a ebullición y luego vierta sobre la mezcla de fideos. Mezcle para cubrir.

h) Transfiera esta mezcla a una fuente para horno grande y cubra con una hoja de papel de aluminio. Coloque en el horno para hornear durante 25 minutos.

i) Luego, use un tazón pequeño y agregue el queso parmesano rallado y el pan rallado. Revuelva bien para mezclar.

j) Retire la cacerola del horno y espolvoree la mezcla de pan rallado por encima. Vuelva a colocar en el horno para hornear durante 10 minutos o hasta que estén doradas.

59.   Pasta con Tomate y Mozzarella

Hace: 4 porciones

Tiempo total de preparación: 30 minutos

Ingredientes:

- ½ libra de queso mozzarella, fresco
- ½ cucharaditas. de sal marina
- 1 taza de aceite de oliva, virgen extra
- 4 cucharadas. de mantequilla
- 1 taza de cebolla Vidalia, en rodajas finas
- ¼ taza de ajo picado
- 1 libra de pasta penne
- 4 tazas de jitomates, en rama maduros
- ¾ taza de queso romano
- ½ taza de albahaca, fresca y picada

Direcciones:

a) Use un tazón pequeño y agregue el queso mozzarella y ½ cucharaditas. de sal. Revuelva para mezclar y reserve.

b) Llene una olla mediana con agua y luego póngala a fuego alto. Llevar el agua a ebullición.

c) Coloque una sartén grande a fuego medio a alto. Agregue el aceite y la mantequilla. Una vez que la mantequilla esté completamente derretida, agregue la cebolla y el ajo. Reduce el calor al mínimo. Cocine por 10 minutos o hasta que estén blandas.

d) Agregue la pasta al agua hirviendo. Cocine durante 8 a 10 minutos o hasta que estén blandas. Escurrir y reservar.

e) Agregue los tomates a las cebollas y el ajo. Aumente el fuego a medio o alto. Continúe cocinando durante 5 minutos o hasta que estén blandas.

f) Agregue la pasta cocida a la mezcla de tomate y cebolla. Mezcle para cubrir.

g) Retire del fuego y agregue la mezcla de mozzarella y $\frac{1}{4}$ de taza de queso romano. Revuelva bien para mezclar hasta que el queso se derrita.

60. Pasta cremosa de camarones al pesto

Hace: 8 porciones

Tiempo total de preparación: 30 minutos

Ingredientes:

- 1 libra de pasta linguini
- ½ taza de mantequilla
- 2 tazas de crema batida espesa
- ½ cucharaditas. de pimienta negra
- 1 taza de queso parmesano, rallado
- 1/3 taza de pesto
- 1 libra de camarones, grandes, pelados y desvenados

Direcciones:

a) Coloque una olla grande para sopa llena de agua con sal a fuego alto. Llevar el agua a ebullición. Una vez que hierva, agregue la pasta y cocine durante 9 a 11 minutos o hasta que esté suave. Una vez blanda, escurrir la pasta y reservar.

b) Coloque una sartén grande a fuego medio. Agregue la mantequilla. Una vez que la mantequilla se derrita, agregue la crema espesa. Sazone con ½ cucharaditas. de pimienta negra y revuelva para mezclar. Cocine durante 6 a 8 minutos, asegurándose de revolver con frecuencia.

c) Agrega el queso parmesano a la salsa. Revuelva bien hasta que se mezcle.

d) Agregue el pesto y cocine por 5 minutos o hasta que tenga una consistencia espesa.

e) Agregue los camarones y cocine por 5 minutos o hasta que adquieran un color rosado. Alejar del calor.

f) Sirve la salsa sobre la pasta cocida y disfruta de inmediato.

61. Tortellini De Espinaca Y Tomate

Hace: 6 porciones

Tiempo total de preparación: 40 minutos

Ingredientes:

- 1 paquete de 16 onzas de tortellini, queso
- 1 lata de 14.5 onzas de tomates con ajo y cebolla, cortados en cubitos
- 1 taza de espinacas, frescas y picadas
- $\frac{1}{2}$ cucharaditas. de sal
- $\frac{1}{4}$ de cucharaditas. de pimienta negra
- 1 $\frac{1}{2}$ cucharaditas. de albahaca, seca
- 1 cucharadita. de ajo picado
- 2 cucharadas. de harina para todo uso
- $\frac{3}{4}$ taza de leche, entera
- $\frac{3}{4}$ taza de crema espesa
- $\frac{1}{4}$ taza de queso parmesano, rallado

Direcciones:

a) Llena una olla grande para sopa con agua y ponla a fuego alto. Lleve el agua a ebullición y luego agregue los tortellini. Cocine la pasta hasta que esté tierna. Esto debería tomar 10 minutos.

b) Mientras se cocinan los tortellini, coloque una cacerola grande a fuego medio. Agregue las espinacas, los tomates enlatados, la sal y la pimienta negra, la albahaca seca y el ajo picado. Revuelva para mezclar y cocine por 5 minutos o hasta que la mezcla comience a burbujear en la superficie.

c) Luego use un tazón grande y agregue la harina para todo uso, la leche entera y la crema espesa. Revuelva para mezclar y vierta en la sartén. Agregue el queso parmesano. Bate hasta que quede suave y cocina por 2 minutos o hasta que tenga una consistencia espesa.

d) Escurrir la pasta y añadir a la sartén con la salsa. Revuelva para cubrir y retire del fuego. Servir inmediatamente.

62. Pasta de pollo cajún

Hace: 2 porciones

Ingredientes:

- 4 onzas de pasta linguini
- 2 pechugas de pollo, sin piel, sin hueso y cortadas en mitades
- 2 cucharaditas de condimento cajún
- 2 cucharadas. de mantequilla
- 1 pimiento rojo en rodajas finas
- 4 champiñones, frescos y en rodajas finas
- 1 pimiento verde en rodajas finas
- 1 cebolla verde, picada
- 1 taza de crema espesa
- $\frac{1}{4}$ de cucharaditas. de albahaca, seca
- $\frac{1}{4}$ de cucharaditas. de pimienta limón
- $\frac{1}{4}$ de cucharaditas. de sal
- 1/8 de cucharaditas. de ajo, en polvo
- 1/8 de cucharaditas. de pimienta negra
- $\frac{1}{4}$ taza de queso parmesano, recién rallado

Direcciones:

a) Coloque una olla grande llena de agua con sal a fuego alto. Una vez que el agua comience a hervir, agregue la pasta. Cocine durante 8 a 10 minutos o hasta que estén blandas. Escurrir la pasta y reservar.

b) Coloque el pollo y el condimento cajún en una bolsa Ziploc grande. Agite vigorosamente para cubrir.

c) Luego, coloca una sartén grande a fuego medio. Agregue el pollo y la mantequilla. Cocine durante 5 a 7 minutos o hasta que estén tiernos.

d) Agregue el pimiento rojo en rodajas finas, los champiñones, el pimiento verde en rodajas finas y la cebolla verde en rodajas. Cocine durante 2 a 3 minutos o hasta que estén blandas. Reduce el calor al mínimo.

e) Agregue la crema espesa, la albahaca picada, la pimienta de limón, la sal, el ajo en polvo y la pimienta negra. Revuelva bien para mezclar.

f) Agregue la pasta cocida y revuelva para cubrir. Continúe cocinando por un minuto adicional o hasta que esté bien caliente.

g) Retire del fuego y sirva inmediatamente con una pizca de queso parmesano.

63. Camarones A La Pimienta Alfredo

Hace: 6 porciones

Tiempo total de preparación: 50 minutos

Ingredientes:

- 12 onzas de pasta penne
- ¼ taza de mantequilla
- 2 cucharadas. de aceite de oliva, virgen extra
- 1 cebolla, picada
- 2 dientes de ajo, picados
- 1 pimiento, de color rojo y cortado en cubitos
- ½ libra de champiñones portobello, cortados en cubitos
- 1 libra de camarones, pelados y desvenados
- 1 frasco de 15 onzas de salsa Alfredo
- ½ taza de queso romano, rallado
- ½ taza de crema espesa
- 1 cucharadita. de pimienta de cayena
- pizca de sal y pimienta negra
- ¼ de taza de perejil, fresco y picado

Direcciones:

a) Coloque una olla grande para sopa llena de agua con sal a fuego alto. Una vez que el agua comience a hervir, agregue la pasta. Cocine durante 9 a 11 minutos o hasta que estén blandas. Escurrir la pasta y reservar.

b) Durante este tiempo, coloque una sartén grande a fuego medio. Agregue el aceite de oliva y la mantequilla. Una vez que la mantequilla se derrita, agregue la cebolla. Cocine por 2 minutos o hasta que estén blandas.

c) Agregue el ajo, el pimiento rojo cortado en cubitos y los champiñones. Revuelva para mezclar y cocine por 2 minutos o hasta que esté suave.

d) Agregue los camarones. Revuelva para mezclar y cocine por 4 minutos o hasta que esté suave.

e) Vierta lentamente la salsa Alfredo, el queso rallado y la crema espesa. Revuelva suavemente para mezclar y llevar esta mezcla a fuego lento. Cocine por 5 minutos o hasta que tenga una consistencia espesa.

f) Sazone la mezcla con pimienta de cayena, una pizca de sal y una pizca de pimienta negra.

g) Agregue la pasta cocida y revuelva para mezclar.

h) Retire del fuego y sirva inmediatamente con una guarnición de perejil picado.

64. Lasaña Verde

PARA 6

Ingredientes:

- 1 Pasta Verde
- 5 a 6 tazas de bechamel
- 2 libras de ortigas frescas, o ortigas y espinacas, o ortigas y acelgas, u otra combinación de verduras
- 1 cebolla amarilla mediana, finamente picada
- 2 cucharadas de aceite de oliva virgen extra
- Sal marina y pimienta negra recién molida
- 2 a 3 cucharadas de mantequilla sin sal
- 1 taza de parmigiano-reggiano recién rallado

Direcciones:

a) Primero hacer la masa de pasta.
b) Mientras la masa reposa, hacemos la bechamel.
c) Ahora haga el relleno: recoja las verduras (si usa ortigas, antes de manipularlas con las manos desnudas, blanquéelas para eliminar el aguijón), elimine las verduras amarillas o marchitas y quite las hojas de los tallos duros. Cortar las verduras en tiras.

d) Combine la cebolla y el aceite en el fondo de una cacerola resistente y ponga a fuego medio-bajo. Cocine, revolviendo, hasta que la cebolla esté suave, luego agregue las verduras a puñados, dejando que cada puñado se colapse y se marchite un poco antes de agregar más. Si es necesario, agregue unas cuantas cucharadas de agua hirviendo para evitar que las verduras se peguen. Agregue sal y pimienta y cocine hasta que las verduras estén listas, de 8 a 10 minutos.

e) Ahora está listo para estirar la pasta, lo que puede hacer con un rodillo y una tabla o con una máquina para hacer pasta. Siga las instrucciones de la lasaña, colocando las hojas de lasaña cocidas sobre toallas de cocina húmedas como se describe.

f) Ponga el horno a 450°F. Use un poco de mantequilla para engrasar el fondo de una fuente para hornear de 9 x 13 pulgadas o una fuente para lasaña.

g) Extienda un par de cucharadas del relleno verde sobre el fondo del plato, luego coloque una capa de láminas de pasta sobre el relleno. Cubra las hojas de pasta con aproximadamente un tercio del relleno restante, luego extienda un poco de bechamel sobre eso. Espolvorear con parmesano. Agrega otra capa de tiras de pasta y vuelve a cubrir con el relleno, la bechamel y el queso. Continúe haciendo esto hasta que todas las láminas de pasta se hayan agotado. La capa superior debe ser bechamel y queso rallado, salpicada de mantequilla.

h) Hornee durante 15 a 20 minutos, hasta que la parte superior burbujee y esté ligeramente dorada. Retire del horno y deje reposar durante 15 minutos antes de servir.

65. Lasaña de Champiñones con Calabaza

PARA 8 A 10 RACIONES

Ingredientes:

- 1 Masa Básica de Pasta Fresca
- 1½ onzas de hongos porcini secos
- 3 libras de champiñones frescos, incluidos los silvestres, si están disponibles
- ½ taza de aceite de oliva virgen extra
- 1 cucharada de mantequilla sin sal, más un poco más para la fuente de horno y para salpicar la parte superior de la lasaña
- 1 libra de cebolletas, incluidas las cabezas verdes tiernas, o 1 cebolla amarilla mediana, picada muy fina
- 1 diente de ajo, machacado con el lado plano de una cuchilla y picado
- ½ taza de perejil de hoja plana finamente picado
- 1 cucharada de tomillo picado
- Sal marina y pimienta negra recién molida
- 5 tazas de bechamel
- 4 tazas de calabaza de invierno, rallada en los agujeros grandes de un rallador de caja
- ¼ a ⅓ taza de queso parmigiano-reggiano o grana padano rallado

Direcciones:

a) Primero, si usa pasta fresca, haga la masa.
b) Si usa champiñones secos, reconstituirlos; guarde el líquido de remojo colado para agregarlo más tarde, si es necesario.
c) Recoja los champiñones frescos, recortando la arena o las áreas dañadas. Separe las tapas de los tallos. Cortar las tapas y cortar los tallos en dados. (Si usa shiitake o cualquier hongo similar con tallos duros, deseche los tallos).
d) Agregue $\frac{1}{4}$ de taza de aceite a una sartén y ponga a fuego medio-alto. Agregue las cebollas y el ajo y cocine rápidamente, revolviendo, hasta que las cebollas comiencen a dorarse y dorarse. Agregue los tallos de champiñones cortados en cubitos y los champiñones secos reconstituidos picados. Agrega $\frac{1}{4}$ de taza de perejil y el tomillo picado. Cocine los champiñones durante 10 a 15 minutos, o hasta que estén bien cocidos; Sazone con sal y pimienta, y revuelva el contenido de la sartén en la bechamel.
e) En una sartén aparte, combine las tapas de champiñones en rodajas con el $\frac{1}{4}$ de taza de perejil restante, 1 cucharada de aceite y 1 cucharada de mantequilla y cocine suavemente a fuego medio-bajo hasta que los champiñones

estén bien cocidos, 7 u 8 minutos. Añadir abundante sal y pimienta al gusto. Dejar de lado.

f) Extiende la pasta lo más delgada que puedas.

g) Lleve a ebullición una olla grande de agua con sal y tenga listo un recipiente con agua helada. Agregue la pasta al agua hirviendo y cocine como se describe en las instrucciones, colocando las hojas de pasta cocidas sobre toallas de cocina limpias.

h) Ponga el horno a 350°F.

i) Unte con mantequilla el fondo y los lados de una fuente para hornear rectangular de 8 x 12 pulgadas que tenga al menos 2 pulgadas de profundidad.

j) Extienda unas cucharadas de bechamel en el fondo de la fuente para hornear, luego agregue una capa de láminas de pasta. Vierta aproximadamente una cuarta parte de la bechamel en una capa sobre la pasta, luego aproximadamente un tercio de los sombreros de champiñones salteados y un tercio de la calabaza rallada. Espolvorea un par de cucharadas de parmigiano sobre esta capa. Repita estas capas (pasta, bechamel, cabezas de champiñones, calabaza rallada y queso) hasta que la sartén esté llena y el relleno se haya agotado. Para la capa superior, usa lo último de la bechamel, extendiéndola un poco más espesa y untándola hasta los bordes de la sartén para sellar la pasta por dentro.

k) Hornee durante unos 30 minutos, luego aumente el fuego a 400°F. Hornee por otros 10 minutos, o hasta que la lasaña burbujee y la parte superior esté dorada.

l) Retire la lasaña del horno y déjela a un lado durante al menos 10 a 15 minutos, o hasta una hora, en un lugar cálido antes de servir. Esto permite que la lasaña se asiente y facilita el corte y el servicio.

66. Cuscús Palestino

PARA 6 A 8 RACIONES

Ingredientes:

- Un pollo fresco pequeño ($2\frac{1}{2}$ a 3 libras), preferiblemente de corral, cortado en 8 piezas
- Sal marina y pimienta negra recién molida
- $\frac{1}{2}$ cucharadita de cardamomo molido
- $\frac{1}{2}$ taza de aceite de oliva virgen extra
- 1 cebolla amarilla mediana, sin pelar
- 4 bayas de pimienta de Jamaica
- Una rama de canela de 2 pulgadas
- 2 hojas de laurel
- anis de 2 estrellas
- Una pizca de cúrcuma molida
- $\frac{1}{2}$ cucharadita de semillas de comino enteras
- $1\frac{1}{2}$ tazas de garbanzos cocidos
- 1 pimiento dulce rojo, cortado y en rodajas finas
- $\frac{1}{2}$ cebolla morada mediana, cortada en lunas (longitudinalmente)
- 2 tazas de maftoul
- $\frac{1}{4}$ taza de almendras tostadas picadas en trozos grandes
- 3 ramitas de cilantro picadas, para decorar

Direcciones:

a) Frote las piezas de pollo por todas partes con sal, pimienta y el cardamomo. Caliente $\frac{1}{4}$ de taza de aceite en una olla de fondo grueso a fuego medio. Agregue el pollo y dore bien por todos lados. Retire las piezas de pollo y reserve. Retire la olla del fuego y cuando el aceite esté frío, inclínelo y limpie la olla con toallas de papel para eliminar todos los restos de aceite quemado.

b) Regrese la olla a fuego medio-bajo y agregue el pollo junto con 8 a 10 tazas de agua, suficiente para cubrir el pollo. No pele la cebolla, pero frote la cáscara suelta como papel, luego corte la cebolla por la mitad y agréguela a la olla junto con la pimienta de Jamaica, la rama de canela, las hojas de laurel, el anís estrellado, la cúrcuma y el comino. Tapar la olla y llevar a fuego lento. Cocine a fuego lento durante 1 hora, momento en el que el pollo debe estar listo y muy tierno.

c) Retire el pollo del caldo y reserve. Cuando esté lo suficientemente frío para manipularlo, coloque las piezas en una fuente para horno, preferiblemente una con tapa.

d) Cuele los trozos de especias y hojas de laurel del caldo y deséchelos. Una vez que el caldo se haya enfriado un poco, transfiéralo a un lugar fresco o al refrigerador para que la grasa suba y cuaje. Cuando la grasa esté sólida en la parte superior, quítela con una espumadera y deséchela.

e) Cuando esté listo para continuar, ajuste el horno a temperatura baja, 200° a 250°F.

f) Regrese el caldo desgrasado en la olla a fuego medio y cocine a fuego lento. Cocine a fuego lento, sin tapar, hasta que el caldo se haya reducido a la mitad, es decir, a unas 4 tazas.

g) Retire 1 taza del caldo y viértalo sobre los trozos de pollo en la fuente para horno. Cubra el pollo con una tapa o una hoja de papel de aluminio y transfiéralo al horno para que se caliente mientras prepara el maftoul.

h) Calentar los garbanzos cocidos, si es necesario, añadiendo unas cucharadas de caldo o agua corriente. Llevar a fuego lento a fuego lento, lo suficiente para calentarlos. Mantente caliente mientras terminas el maftoul.

i) En una sartén pequeña, combine las rodajas de pimiento dulce y cebolla con el $\frac{1}{4}$ de taza de aceite restante y saltee suavemente hasta que las rodajas comiencen a ablandarse. Agregue el maftoul y cocine, revolviendo, durante unos 3 minutos solo para tostar ligeramente los granos de maftoul y resaltar su sabor a trigo. Vuelva a

llevar el caldo a fuego lento, si es necesario, y agregue el maftoul y las verduras. Cocine a fuego lento, sin tapar, durante 15 minutos o hasta que los granos de maftoul estén tiernos.
j) Acomode el maftoul en un plato, luego coloque los trozos de pollo encima, vertiendo cualquier resto de caldo sobre el maftoul. Finalmente, coloca los garbanzos por encima y decora con las almendras tostadas y el cilantro.
k) Servir inmediatamente.

LASAÑA RELLENA

67. Manicotti rellenos de acelgas

Hace 4 porciones

Ingredientes:

- 12 manicotti
- 3 cucharadas de aceite de oliva
- 1 cebolla pequeña, picada
- 1 manojo mediano de acelgas, tallos duros recortados y picados
- 1 libra de tofu firme, escurrido y desmenuzado
- Sal y pimienta negra recién molida
- 1 taza de anacardos crudos
- 3 tazas de leche de soja natural sin azúcar
- $1/8$ cucharadita de nuez moscada molida
- $1/8$ cucharadita de cayena molida
- 1 taza de pan rallado seco sin sazonar

Direcciones:

a) Precaliente el horno a 350°F. Engrase ligeramente una fuente para hornear de 9 x 13 pulgadas y reserve.

b) En una olla con agua hirviendo con sal, cocine los manicotti a fuego medio-alto, revolviendo ocasionalmente, hasta que estén al dente, unos 8 minutos. Escurrir bien y correr bajo agua fría. Dejar de lado.

c) En una sartén grande, caliente 1 cucharada de aceite a fuego medio. Agregue la cebolla, cubra y cocine hasta que se ablande unos 5 minutos. Agregue las acelgas, cubra y cocine hasta que las acelgas estén tiernas, revolviendo ocasionalmente, aproximadamente 10 minutos. Retire del fuego y agregue el tofu, revolviendo para mezclar bien. Sazone bien con sal y pimienta al gusto y reserve.

d) En una licuadora o procesador de alimentos, muela los anacardos hasta convertirlos en polvo. Agregue 11/2 tazas de leche de soya, la nuez moscada, la pimienta de cayena y sal al gusto. Mezclar hasta que esté suave. Agregue las 11/2 tazas restantes de leche de soya y mezcle hasta que quede cremoso. Pruebe, ajustando los condimentos si es necesario.

e) Extienda una capa de la salsa en el fondo de la fuente para hornear preparada. Coloque alrededor de 1/3 taza del relleno de acelgas en los manicotti. Coloque los manicotti rellenos en una sola capa en la fuente para hornear. Vierta la salsa restante sobre los manicotti. En un tazón pequeño, combine las migas de pan y las 2 cucharadas de aceite restantes y espolvoree sobre los manicotti. Cubra con papel aluminio y hornee hasta que esté caliente y burbujeante, aproximadamente 30 minutos. Servir inmediatamente.

68. Manicotti De Espinacas Y Salsa De Nueces

Hace 4 porciones

Ingredientes:

- 12 manicotti
- 1 cucharada de aceite de oliva
- 2 chalotes medianos, picados
- 2 paquetes (10 onzas) de espinacas picadas congeladas, descongeladas
- 1 libra de tofu extra firme, escurrido y desmenuzado
- $1/4$ cucharadita de nuez moscada molida
- Sal y pimienta negra recién molida
- 1 taza de trozos de nuez tostada
- 1 taza de tofu suave, escurrido y desmenuzado
- $1/4$ taza de levadura nutricional
- 2 tazas de leche de soja natural sin azúcar
- 1 taza de pan rallado seco

Direcciones:

a) Precaliente el horno a 350°F. Engrase ligeramente una fuente para hornear de 9 x 13 pulgadas. En una olla con agua hirviendo con sal, cocina los manicotti a fuego medio-alto, revolviendo ocasionalmente, hasta que estén al dente, unos 10 minutos. Escurrir bien y correr bajo agua fría. Dejar de lado.

b) En una sartén grande, caliente el aceite a fuego medio. Agregue los chalotes y cocine hasta que se ablanden, aproximadamente 5 minutos. Exprima las espinacas para eliminar la mayor cantidad de líquido posible y agréguelas a los chalotes. Sazone con nuez moscada y sal y pimienta al gusto, y cocine durante 5 minutos, revolviendo para mezclar los sabores. Agregue el tofu extra firme y revuelva para mezclar bien. Dejar de lado.

c) En un procesador de alimentos, procese las nueces hasta que estén finamente molidas. Agrega el tofu suave, la levadura nutricional, la leche de soya y sal y pimienta al gusto. Procese hasta que quede suave.

d) Extienda una capa de la salsa de nuez en el fondo de la fuente para hornear preparada. Rellena los manicotti con el relleno. Coloque los manicotti rellenos en una sola capa en la fuente para hornear. Vierta la salsa restante encima. Cubrir con papel aluminio y hornear hasta que esté caliente, unos 30 minutos. Destape, espolvoree con pan rallado y hornee 10 minutos más para dorar ligeramente la parte superior. Servir inmediatamente.

69. Pasta Rellena De Berenjena Y Tempeh

Hace 4 porciones

Ingredientes:

- 8 onzas de tempeh
- 1 berenjena mediana
- 12 conchas de pasta grandes
- 1 diente de ajo, machacado
- 1/4 cucharadita de cayena molida
- Sal y pimienta negra recién molida
- Pan rallado seco sin sazonar
- 3 tazas de salsa marinara, casera

Direcciones:

a) En una cacerola mediana con agua hirviendo, cocina el tempeh durante 30 minutos. Escurrir y dejar enfriar.

b) Precaliente el horno a 450°F. Perfore la berenjena con un tenedor y hornee en una bandeja para hornear ligeramente engrasada hasta que esté suave, aproximadamente 45 minutos.

c) Mientras se hornean las berenjenas, cocine las conchas de pasta en una olla con agua hirviendo con sal, revolviendo ocasionalmente, hasta que estén al dente, aproximadamente 7 minutos. Escurrir y correr bajo agua fría. Dejar de lado.

d) Retire la berenjena del horno, córtela por la mitad a lo largo y escurra el líquido. Reduzca la temperatura del horno a 350°F. Engrase ligeramente un molde para hornear de 9 x 13 pulgadas. En un procesador de alimentos, procese el ajo hasta que esté finamente molido. Agregue el tempeh y pulse hasta que esté molido grueso. Raspe la pulpa de berenjena de su cáscara y agréguela al procesador de alimentos con el tempeh y el ajo. Agregue la cayena, sazone con sal y pimienta al gusto y pulse para combinar. Si el relleno está flojo, agregue un poco de pan rallado.

e) Extienda una capa de la salsa de tomate en el fondo de la fuente para hornear preparada. Rellenar las conchas con el relleno hasta que estén bien compactadas.

f) Coloque las conchas encima de la salsa y vierta la salsa restante sobre y alrededor de las conchas. Cubrir con papel aluminio y hornear hasta que esté caliente, unos 30 minutos. Destape, espolvoree con queso parmesano y hornee 10 minutos más. Servir inmediatamente.

70. Ravioli De Calabaza Con Guisantes

Hace 4 porciones

Ingredientes:

- 1 taza de puré de calabaza en lata
- 1/2 taza de tofu extra firme, bien escurrido y desmenuzado
- 2 cucharadas de perejil fresco picado
- Una pizca de nuez moscada molida
- Sal y pimienta negra recién molida
- 1Masa de pasta sin huevo
- 2 o 3 chalotes medianos, cortados por la mitad a lo largo y cortados en rodajas de 1/4 de pulgada
- 1 taza de guisantes congelados, descongelados

Direcciones:

a) Use una toalla de papel para secar el exceso de líquido de la calabaza y el tofu, luego combine en un procesador de alimentos con la levadura nutricional, el perejil, la nuez moscada y sal y pimienta al gusto. Dejar de lado.

b) Para hacer los ravioles, extienda la masa de pasta finamente sobre una superficie ligeramente enharinada. Cortar la masa en

c) tiras de 2 pulgadas de ancho. Coloque 1 cucharadita colmada de relleno en 1 tira de pasta, aproximadamente a 1 pulgada de la parte superior. Coloque otra cucharadita de relleno en la tira de pasta, aproximadamente una pulgada por debajo de la primera cucharada de relleno. Repita a lo largo de toda la longitud de la tira de masa. Humedezca ligeramente los bordes de la masa con agua y coloque una segunda tira de pasta encima de la primera, cubriendo el relleno. Presione las dos capas de masa entre las porciones de relleno.

d) Usa un cuchillo para recortar los lados de la masa para que quede recta, luego corta la masa entre cada montículo de relleno para hacer ravioles cuadrados. Asegúrese de eliminar las bolsas de aire alrededor del relleno antes de sellar.

e) Use los dientes de un tenedor para presionar a lo largo de los bordes de la masa para sellar los ravioles. Transfiera los raviolis a un plato enharinado y repita con la masa restante y la salsa. Dejar de lado.

f) En una sartén grande, caliente el aceite a fuego medio. Agregue los chalotes y cocine, revolviendo ocasionalmente, hasta que los chalotes estén dorados pero no quemados, aproximadamente 15 minutos. Agregue los guisantes y sazone con sal y pimienta al gusto. Mantener caliente a fuego muy bajo.

g) En una olla grande con agua hirviendo con sal, cocine los ravioles hasta que floten en la parte superior, aproximadamente 5 minutos. Escurra bien y transfiera a la sartén con los chalotes y los guisantes. Cocine por uno o dos minutos para mezclar los sabores, luego transfiéralo a un tazón grande para servir. Sazone con mucha pimienta y sirva inmediatamente.

71. Ravioli De Alcachofa Y Nueces

Hace 4 porciones

Ingredientes:

- $1/3$ taza más 2 cucharadas de aceite de oliva
- 3 dientes de ajo, picados
- 1 paquete (10 onzas) de espinacas congeladas, descongeladas y exprimidas
- 1 taza de corazones de alcachofa congelados, descongelados y picados
- $1/3$ taza de tofu firme, escurrido y desmenuzado
- 1 taza de trozos de nuez tostada
- $1/4$ taza de perejil fresco bien empaquetado
- Sal y pimienta negra recién molida
- 1Masa de pasta sin huevo
- 12 hojas de salvia fresca

Direcciones:

a) En una sartén grande, caliente 2 cucharadas de aceite a fuego medio. Agregue el ajo, las espinacas y los corazones de alcachofa. Tape y cocine hasta que el ajo esté suave y el líquido se absorba, aproximadamente 3 minutos, revolviendo ocasionalmente. Transfiere la mezcla a un procesador de alimentos. Agrega el tofu, 1/4 taza de nueces, el perejil y sal y pimienta al gusto. Procese hasta que esté triturado y bien mezclado.

b) Ponga a un lado para enfriar.

c) Para hacer los ravioles, extienda la masa muy delgada (alrededor de 1/8 de pulgada) sobre una superficie ligeramente enharinada y córtela en tiras de 2 pulgadas de ancho. Coloque 1 cucharadita colmada de relleno en una tira de pasta, aproximadamente a 1 pulgada de la parte superior. Coloque otra cucharadita de relleno en la tira de pasta, aproximadamente 1 pulgada por debajo de la primera cucharada de relleno. Repita a lo largo de toda la longitud de la tira de masa.

d) Humedezca ligeramente los bordes de la masa con agua y coloque una segunda tira de pasta encima de la primera, cubriendo el relleno.

e) Presione las dos capas de masa entre las porciones de relleno. Usa un cuchillo para recortar los lados de la masa para que quede recta y luego corta la masa entre cada montículo de relleno para hacer ravioles cuadrados. Use los dientes de un tenedor para presionar a lo largo de los bordes de la masa para sellar los ravioles. Transfiera los ravioles a un plato enharinado y repita con la masa restante y el relleno.

f) Cocine los raviolis en una olla grande con agua hirviendo con sal hasta que floten en la parte superior, aproximadamente 7 minutos. Escurrir bien y dejar reposar. En una sartén grande, caliente el 1/3 de taza de aceite restante a fuego medio. Agregue la salvia y los $\frac{3}{4}$ de taza de nueces restantes y cocine hasta que la salvia se vuelva crujiente y las nueces se vuelvan fragantes.

g) Agregue los ravioles cocidos y cocine, revolviendo suavemente, para cubrir con la salsa y calentar. Servir inmediatamente.

72. Tortellini con Salsa de Crema

Hace 4 porciones

Ingredientes:

- 1 cucharada de aceite de oliva
- 3 dientes de ajo, finamente picados
- 1 taza de tofu firme, escurrido y desmenuzado
- ¾ taza de perejil fresco picado
- 1/4 taza de parmesano vegano oParmasio
- Sal y pimienta negra recién molida
- 1Masa de pasta sin huevo
- 21/2 tazas de salsa marinara, casera
- ralladura de 1 naranja
- 1/2 cucharadita de pimiento rojo molido
- 1/2 taza de crema de soja o leche de soja sin azúcar

Direcciones:

a) En una sartén grande, caliente el aceite a fuego medio. Agregue el ajo y cocine hasta que esté suave, aproximadamente 1 minuto. Agregue el tofu, el perejil, el queso parmesano y sal y pimienta negra al gusto. Mezcle hasta que esté bien mezclado. Ponga a un lado para enfriar.

b) Para hacer los tortellini, extienda la masa finamente (alrededor de 1/8 de pulgada) y córtela en cuadrados de 21/2 de pulgada. Lugar

c) 1 cucharadita de relleno justo fuera del centro y dobla una esquina del cuadrado de pasta sobre el relleno para formar un triángulo. Presione los bordes para sellar, luego envuelva el triángulo, con la punta central hacia abajo, alrededor de su dedo índice, presionando los extremos para que se peguen. Dobla hacia abajo la punta del triángulo y desliza el dedo. Ponga a un lado en un plato ligeramente enharinado y continúe con el resto de la masa y el relleno.

d) En una cacerola grande, combine la salsa marinara, la ralladura de naranja y el pimiento rojo triturado. Caliente hasta que esté caliente, luego agregue la crema de soya y mantenga caliente a fuego muy bajo.

e) En una olla con agua hirviendo con sal, cocina los tortellini hasta que floten hasta la parte superior, aproximadamente 5 minutos. Escurra bien y transfiera a un tazón grande para servir. Agregue la salsa y revuelva suavemente para combinar. Servir inmediatamente.

73. Ñoquis con Salsa de Tomate y Vino Tinto

Hace 4 porciones

Ingredientes:

- 2 papas rojizas medianas
- 1 cucharada de aceite de oliva
- 3 dientes de ajo, picados
- Lata (28 onzas) de tomates triturados
- 1/3 taza de vino tinto seco
- 11/2 cucharaditas de albahaca seca
- 1 cucharadita de orégano seco
- 2 cucharadas de perejil fresco picado
- Sal
- Pimienta negra recién molida
- 1 taza de harina para todo uso, y más si es necesario
- Albahaca fresca, para decorar (opcional)

Direcciones:

a) Precaliente el horno a 450°F. Coloque las papas en el horno y hornee hasta que estén blandas al pincharlas con un tenedor, aproximadamente 1 hora.

b) En una cacerola grande, caliente el aceite a fuego medio. Agregue el ajo y cocine hasta que esté fragante, aproximadamente 1 minuto. No quemes. Agregue los tomates, el vino, la albahaca, el orégano, 1 cucharada de perejil y sal y pimienta al gusto. Reduzca el fuego a bajo y cocine a fuego lento durante 20 minutos. Mantener caliente a fuego lento.

c) Para hacer los ñoquis, combine la harina y 1 cucharadita de sal en un tazón grande. Dejar de lado. Mientras las papas al horno todavía están calientes, córtelas con cuidado por la mitad, raspe el interior en un tazón grande separado y páselas por un prensador de papas o un molino de alimentos para que queden esponjosas. Coloque las papas rizadas en el centro de la harina junto con la cucharada restante de perejil. Sazone bien con sal y pimienta al gusto.

d) Mezcle gradualmente la harina con las papas para hacer una masa, agregando más harina según sea necesario. Amasar la masa hasta que quede suave, unos 4 minutos. No trabaje demasiado la masa. Divide la masa en 4 piezas.

En una superficie ligeramente enharinada, con la palma de la mano, enrolle cada sección de masa en un rollo de 1/2 pulgada de grosor. Corte cada rollo de masa en trozos de $\frac{3}{4}$ de pulgada.

e) En una olla grande con agua hirviendo con sal, cocina los ñoquis hasta que floten en la parte superior, aproximadamente 3 minutos. Retira los ñoquis cocidos con una espumadera y colócalos en un colador para que se escurran bien. Transfiera a un tazón grande para servir y agregue la salsa de tomate, revolviendo suavemente para combinar. Adorne con albahaca fresca, si la usa, y sirva de inmediato.

74.   Pierogi con Cebolla Frita

Hace 6 porciones

Ingredientes:

- 1 libra de papas Russet, peladas y cortadas en trozos
- 1 cucharadita de sal
- $1/4$ cucharadita de pimienta negra recién molida
- 2 cucharadas más 1 cucharadita de aceite de oliva
- 1 cebolla amarilla mediana, picada
- 1Masa de pasta sin huevo

Direcciones:

a) En una olla grande con agua con sal, cocine las papas hasta que estén tiernas, aproximadamente 20 minutos. Escurrir y volver a la olla. Agrega la sal y la pimienta, tritura las papas y reserva.

b) En una sartén, caliente las 2 cucharadas de aceite a fuego medio. Agregue la cebolla, cubra y cocine hasta que esté suave, aproximadamente 7 minutos. Revuelva la cebolla cocida en el puré de papas. Mezcle bien y pruebe, ajustando los condimentos si es necesario. Ponga a un lado para que se enfríe por completo.

c) Divida la masa en 2 porciones iguales y extiéndala, una pieza a la vez, sobre una superficie ligeramente enharinada hasta que quede muy delgada, de aproximadamente 1/8 de pulgada de grosor. Corta la masa en tiras de 3 pulgadas de ancho y luego corta las tiras para crear cuadrados de 3 pulgadas. Ponga 1 cucharadita colmada de relleno en la mitad de cada cuadrado de masa.

d) Humedezca el borde de cada cuadrado con agua y doble en triángulos, doblando una esquina de la masa sobre el relleno para presionar contra la esquina opuesta. Usando su dedo, presione todos los bordes para sellar bien. Repita con la masa restante y el relleno. Si sobra relleno, resérvalo para otro uso. Presione los dientes de un tenedor a lo largo del borde del pierogi para sellar. Ponga a un lado en un plato ligeramente enharinado.

e) En una olla grande con agua hirviendo con sal, cocine los pierogi hasta que floten en la parte superior, aproximadamente 3 minutos. Escurrir bien. Dore los pierogi ligeramente en una sartén grande con la 1 cucharadita de aceite restante. Sazone con sal y mucha pimienta. Servir inmediatamente.

LASAÑACACEROLA

75. Lasaña de Pollo Alfredo

Ingredientes

- 4 onzas de panceta en rodajas finas, cortadas en tiras
- 3 onzas de prosciutto o jamón fiambre en rodajas finas, cortado en tiras
- 3 tazas de pollo asado desmenuzado
- 5 cucharadas de mantequilla sin sal, en cubos
- 1/4 taza de harina para todo uso
- 4 tazas de leche entera
- 2 tazas de queso Asiago rallado, cantidad dividida
- 2 cucharadas de perejil fresco picado, dividido
- 1/4 cucharadita de pimienta molida gruesa
- Una pizca de nuez moscada molida
- 9 fideos de lasaña sin cocinar
- 1-1/2 tazas de queso mozzarella parcialmente descremado, rallado
- 1-1/2 tazas de queso parmesano rallado

Direcciones

a) En una sartén grande, cocine la panceta y el prosciutto a fuego medio hasta que se doren. Escurrir sobre toallas de papel.

Transferir a un tazón grande; agregue el pollo y revuelva para combinar.

b) Para la salsa, en una cacerola grande, derrita la mantequilla a fuego medio. Agregue la harina hasta que quede suave; agregue gradualmente la leche. Hacer hervir removiendo constantemente; cocina y revuelve de 1 a 2 minutos o hasta que espese. Alejar del calor; agregue 1/2 taza de queso Asiago, 1 cucharada de perejil, pimienta y nuez moscada.

c) Precaliente el horno a 375°. Extienda 1/2 taza de salsa en un molde engrasado de 13x9 pulgadas. Plato de hornear. Cubra con un tercio de cada uno de los siguientes: fideos, salsa, mezcla de carne, Asiago, queso mozzarella y parmesano. Repita las capas dos veces.

d) Hornee, tapado, 30 minutos. Descubrir; hornee 15 minutos más o hasta que esté burbujeante. Espolvorea con el perejil restante. Dejar reposar 10 minutos antes de servir.

76. Conchas rellenas de espinacas decadentes

Ingredientes

- 1 paquete (12 onzas) de conchas de pasta jumbo
- 1 frasco (24 onzas) de salsa para pasta con pimiento rojo asado y ajo, cantidad dividida
- 2 paquetes (8 onzas cada uno) de queso crema, ablandado
- 1 taza de salsa Alfredo de ajo asado
- pizca de sal
- Pimienta
- Una pizca de hojuelas de pimiento rojo triturado, opcional
- 2 tazas de mezcla de queso italiano rallado
- 1/2 taza de queso parmesano rallado
- 1 paquete (10 onzas) de espinacas picadas congeladas, descongeladas y exprimidas
- 1/2 taza de corazones de alcachofa en agua finamente picados
- 1/4 taza de pimiento rojo dulce asado finamente picado
- Queso parmesano adicional, opcional

Direcciones

a) Precalentar el horno a 350°. Cocine las conchas de pasta según las instrucciones del paquete para que queden al dente. Desagüe.

b) Extienda 1 taza de salsa en un molde engrasado de 13x9 pulgadas. Plato de hornear. En un tazón grande, bata el queso crema, la salsa Alfredo y los condimentos hasta que se mezclen. Agregue los quesos y las verduras. Cuchara en conchas. Disponer en una fuente para horno preparada.

c) Vierta la salsa restante encima. Hornee, tapado, 20 minutos. Si lo desea, espolvoree con queso parmesano adicional. Hornee, sin tapar, de 10 a 15 minutos más o hasta que el queso se derrita.

77. Horneado de carne Penne

Ingrediente

- 1 paquete (12 onzas) de pasta penne de trigo integral
- 1 libra de carne molida magra (90 % magra)
- 2 calabacines medianos, finamente picados
- 1 pimiento verde grande, finamente picado
- 1 cebolla pequeña, finamente picada
- 1 frasco (24 onzas) de salsa de espagueti
- 1-1/2 tazas de salsa Alfredo reducida en grasa
- 1 taza de queso mozzarella parcialmente descremado, rallado, cantidad dividida
- 1/4 cucharadita de ajo en polvo
- Perejil fresco picado, opcional

Direcciones

a) Cocine la penne según las instrucciones del paquete. Mientras tanto, en un horno holandés, cocina la carne, el calabacín, el pimiento y la cebolla a fuego medio hasta que la carne ya no esté rosada, rompiéndola en migas; desagüe. Agregue la salsa de espagueti, la salsa Alfredo, 1/2 taza de queso mozzarella y el ajo en polvo. Escurrir la penne; revuelva en la mezcla de carne.

b) Transferencia a un 13x9-in. fuente para hornear cubierta con aceite en aerosol. Tape y hornee a 375° por 20 minutos. Espolvorea con el queso mozzarella restante. Hornee, sin tapar, de 3 a 5 minutos más o hasta que el queso se derrita. Si lo desea, cubra con perejil.

78. POLLO Tetrazzini

Ingrediente

- 8 onzas de espagueti crudo
- 2 cucharaditas más 3 cucharadas de mantequilla, cantidad dividida
- 8 tiras de tocino, picadas
- 2 tazas de champiñones frescos rebanados
- 1 cebolla pequeña, picada
- 1 pimiento verde pequeño, picado
- 1/3 taza de harina para todo uso
- 1/4 cucharadita de sal
- 1/4 cucharadita de pimienta
- 3 tazas de caldo de pollo
- 3 tazas de pollo rostizado desmenuzado grueso
- 2 tazas de guisantes congelados (alrededor de 8 onzas)
- 1 frasco (4 onzas) de pimientos cortados en cubitos, escurridos
- 1/2 taza de queso romano o parmesano rallado

Direcciones

a) Precaliente el horno a 375°. Cocine los espaguetis según las instrucciones del paquete para que queden al dente.

Desagüe; transferir a un engrasado 13x9-in. Plato de hornear. Agregue 2 cucharaditas de mantequilla y revuelva para cubrir.

b) Mientras tanto, en una sartén grande, cocine el tocino a fuego medio hasta que esté crujiente, revolviendo ocasionalmente. Retire con una espumadera; escurrir sobre toallas de papel. Deseche los jugos, reservando 1 cucharada en la sartén. Agregue los champiñones, la cebolla y el pimiento verde a la grasa; cocine y revuelva a fuego medio-alto de 5 a 7 minutos o hasta que estén tiernos. Retire de la sartén.

c) En la misma sartén, caliente la mantequilla restante a fuego medio. Agregue la harina, la sal y la pimienta hasta que quede suave; agregue gradualmente el caldo. Llevar a ebullición, revolviendo ocasionalmente; cocina y revuelve de 3 a 5 minutos o hasta que espese un poco. Agrega el pollo, los guisantes, los pimientos y la mezcla de champiñones; caliente, revolviendo ocasionalmente. Cuchara sobre los espaguetis. Espolvorear con tocino y queso.

d) Hornee, sin tapar, de 25 a 30 minutos o hasta que estén doradas. Dejar reposar 10 minutos antes de servir.

79. Horneado de Pasta Butternut y Acelgas

Ingrediente

- 3 tazas de pasta de pajarita cruda
- 2 tazas de queso ricotta sin grasa
- 4 huevos grandes
- 3 tazas de calabaza moscada congelada en cubos, descongelada y dividida
- 1 cucharadita de tomillo seco
- 1/2 cucharadita de sal, dividida
- 1/4 cucharadita de nuez moscada molida
- 1 taza de chalotes picados en trozos grandes
- 1-1/2 tazas de acelgas picadas, sin tallos
- 2 cucharadas de aceite de oliva
- 1-1/2 tazas de migas de pan panko
- 1/3 taza de perejil fresco picado grueso
- 1/4 cucharadita de ajo en polvo

Direcciones

a) Precaliente el horno a 375°. Cocine la pasta según las instrucciones del paquete para que quede al dente; desagüe. Mientras tanto, coloque la ricota, los huevos, 1-1/2 tazas de calabaza, tomillo, 1/4 de cucharadita de sal y nuez moscada en un procesador de alimentos; procese hasta que quede suave. Vierta en un tazón grande. Agregue la pasta, los chalotes, las acelgas y la calabaza restante. Transfiera a un engrasado de 13x9 pulgadas. Plato de hornear.

b) En una sartén grande, caliente el aceite a fuego medio-alto. Agrega el pan rallado; cocine y revuelva hasta que estén doradas, 2-3 minutos. Agregue el perejil, el ajo en polvo y el 1/4 de cucharadita de sal restante. Espolvorear sobre la mezcla de pasta.

c) Hornee, sin tapar, hasta que cuaje y la cobertura esté dorada, 30-35 minutos.

80.   Cazuela De Chili Mac

Ingrediente

- 1 taza de macarrones de codo crudos
- 2 libras de carne molida magra (90% magra)
- 1 cebolla mediana, picada
- 2 dientes de ajo, picados
- 1 lata (28 onzas) de tomates cortados en cubitos, sin escurrir
- 1 lata (16 onzas) de frijoles rojos, enjuagados y escurridos
- 1 lata (6 onzas) de pasta de tomate
- 1 lata (4 onzas) de chiles verdes picados
- 1-1/4 cucharaditas de sal
- 1 cucharadita de chile en polvo
- 1/2 cucharadita de comino molido
- 1/2 cucharadita de pimienta
- 2 tazas de mezcla de quesos mexicanos reducidos en grasa, rallados
- Cebolletas en rodajas finas, opcional

Direcciones

a) Cocine los macarrones según las instrucciones del paquete. Mientras tanto, en una sartén antiadherente grande, cocine la carne de res, la cebolla y el ajo a fuego medio hasta que la carne ya no esté rosada, desmenuzando la carne; desagüe. Agregue los tomates, los frijoles, la pasta de tomate, los chiles y los condimentos. Escurrir los macarrones; agregar a la mezcla de carne.

b) Transferencia a un 13x9-in. fuente para hornear cubierta con aceite en aerosol. Tape y hornee a 375° hasta que burbujee, 25-30 minutos. Descubrir; espolvorear con queso. Hornee hasta que el queso se derrita, de 5 a 8 minutos más. Si lo desea, cubra con cebollas verdes en rodajas.

81. Penne y Salchicha Ahumada

Ingrediente

- 2 tazas de pasta penne cruda
- 1 libra de salchicha ahumada, cortada en rodajas de 1/4 de pulgada
- 1-1/2 tazas de leche al 2%
- 1 lata (10-3/4 onzas) de crema de apio condensada, sin diluir
- 1-1/2 tazas de cebollas fritas con queso cheddar, cantidad dividida
- 1 taza de queso mozzarella parcialmente descremado, rallado, cantidad dividida
- 1 taza de guisantes congelados

Direcciones

a) Precaliente el horno a 375°. Cocine la pasta según las instrucciones del paquete.

b) Mientras tanto, en una sartén grande, dore la salchicha a fuego medio durante 5 minutos; desagüe. En un tazón grande, combine la leche y la sopa. Agregue 1/2 taza de cebolla, 1/2 taza de queso, guisantes y salchichas. Escurrir la pasta; agregue a la mezcla de salchichas.

c) Transfiera a un engrasado de 13x9 pulgadas. Plato de hornear. Tape y hornee hasta que burbujee, 25-30 minutos. Espolvorea con las cebollas y el queso restantes. Hornee, sin tapar, hasta que el queso se derrita, de 3 a 5 minutos más.

d) Opción de congelación: espolvorea las cebollas y el queso restantes sobre la cacerola sin hornear. Cubra y congele. Para usar, descongele parcialmente en el refrigerador durante la noche. Retire del refrigerador 30 minutos antes de hornear. Precaliente el horno a 375°. Hornee la cacerola como se indica, aumentando el tiempo según sea necesario para calentar y para que un termómetro insertado en el centro marque 165°.

82. Hornear Provolone Ziti

Ingrediente

- 1 cucharada de aceite de oliva
- 1 cebolla mediana, picada
- 3 dientes de ajo, picados
- 2 latas (28 onzas cada una) de tomates triturados italianos
- 1-1/2 tazas de agua
- 1/2 taza de vino tinto seco o caldo de pollo bajo en sodio
- 1 cucharada de azúcar
- 1 cucharadita de albahaca seca
- 1 paquete (16 onzas) de pasta ziti o tubo pequeño
- 8 rebanadas de queso provolone

Direcciones

a) Precalentar el horno a 350°. En un 6-qt. olla, caliente el aceite a fuego medio-alto. Agrega la cebolla; cocine y revuelva de 2 a 3 minutos o hasta que estén tiernos. Agrega el ajo; cocina 1 minuto más. Agregue los tomates, el agua, el vino, el azúcar y la albahaca. Llevar a ebullición; alejar del calor. Agregue el ziti crudo.

b) Transferencia a un 13x9-in. fuente para hornear cubierta con aceite en aerosol. Hornee, tapado, 1 hora. Cubre con queso. Hornee, sin tapar, de 5 a 10 minutos más o hasta que el ziti esté tierno y el queso se derrita.

83. Camarones al horno con cabello de ángel

Ingrediente

- 1 paquete (9 onzas) de pasta cabello de ángel refrigerada
- 1-1/2 libras de camarones medianos crudos, pelados y desvenados
- 3/4 taza de queso feta desmenuzado
- 1/2 taza de queso suizo rallado
- 1 frasco (16 onzas) de salsa gruesa
- 1/2 taza de queso Monterey Jack rallado
- 3/4 taza de perejil fresco picado
- 1 cucharadita de albahaca seca
- 1 cucharadita de orégano seco
- 2 huevos grandes
- 1 taza de crema mitad y mitad
- 1 taza de yogur natural
- Perejil fresco picado, opcional

Direcciones

a) En un engrasado de 13x9 pulgadas. fuente para horno, coloque en capas la mitad de la pasta, los camarones, el queso feta, el queso suizo y la salsa. Repita las capas. Espolvorea con queso

Monterey Jack, perejil, albahaca y orégano.

b) En un tazón pequeño, bata los huevos, la crema y el yogur; verter sobre la cacerola. Hornee, sin tapar, a 350° hasta que el termómetro marque 160°, 25-30 minutos. Deje reposar durante 5 minutos antes de servir. Si lo desea, cubra con perejil picado.

84. lasaña de curry

Ingrediente

- 1 cucharada de aceite de canola
- 1 cebolla mediana, picada
- 4 cucharaditas de curry en polvo
- 3 dientes de ajo, picados
- 1 lata (6 onzas) de pasta de tomate
- 2 latas (13.66 onzas cada una) de leche de coco
- 1 libra (alrededor de 4 tazas) de pollo asado desmenuzado, sin piel
- 12 fideos de lasaña, sin cocer
- 2 tazas de queso ricotta parcialmente descremado
- 2 huevos grandes
- 1/2 taza de cilantro fresco picado, cantidad dividida
- 1 paquete (10 onzas) de espinacas picadas congeladas, descongeladas y exprimidas
- 1/2 cucharadita de sal
- 1/4 cucharadita de pimienta
- 2 tazas de queso mozzarella parcialmente descremado, rallado
- Rodajas de limón

Direcciones

a) Precalentar el horno a 350°. En una sartén grande, caliente el aceite a fuego medio-alto. Agrega la cebolla; cocine y revuelva hasta que se ablande, aproximadamente 5 minutos. Agrega el curry en polvo y el ajo; cocina 1 minuto más. Agregue la pasta de tomate; vierta la leche de coco en la sartén. Llevar a ebullición. Reduzca el fuego y cocine a fuego lento durante 5 minutos. Agregue el pollo cocido.

b) Mientras tanto, cocine los fideos de lasaña según las instrucciones del paquete. Desagüe. Combine ricotta, huevos, 1/4 taza de cilantro, espinacas y condimentos.

c) Extienda una cuarta parte de la mezcla de pollo en un molde de 13x9 pulgadas. fuente para hornear cubierta con aceite en aerosol. Cubra con 4 fideos, la mitad de la mezcla de ricotta, un cuarto de la mezcla de pollo y 1/2 taza de queso mozzarella. Repita las capas. Cubra con los fideos restantes, la mezcla de pollo restante y el queso mozzarella restante.

d) Hornee, sin tapar, hasta que burbujee, 40-45 minutos. Enfriar 10 minutos antes de cortar. Cubra con el cilantro restante; servir con rodajas de lima.

85. Lasaña de conchas de pasta cargada

Ingrediente

- 4 tazas de queso mozzarella rallado
- 1 caja (15 onzas) de queso ricotta
- 1 paquete (10 onzas) de espinacas picadas congeladas, descongeladas y exprimidas
- 1 paquete (12 onzas) de conchas de pasta jumbo, cocidas y escurridas
- 3-1/2 tazas de salsa para espagueti
- Queso parmesano rallado, opcional

Direcciones

a) Precalentar el horno a 350°. Combine los quesos y las espinacas; meter en conchas. Arregle en un engrasado 13x9-in. Plato de hornear. Vierta la salsa de espagueti sobre las conchas. Cubra y hornee hasta que se caliente por completo, aproximadamente 30 minutos.

b) Si lo desea, espolvoree con queso parmesano después de hornear.

86. Mostaccioli de albóndigas con tres quesos

Ingrediente

- 1 paquete (16 onzas) mostaccioli
- 2 huevos grandes, ligeramente batidos
- 1 caja (15 onzas) de queso ricotta parcialmente descremado
- 1 libra de carne molida
- 1 cebolla mediana, picada
- 1 cucharada de azúcar moreno
- 1 cucharada de condimento italiano
- 1 cucharadita de ajo en polvo
- 1/4 cucharadita de pimienta
- 2 frascos (24 onzas cada uno) de salsa para pasta con carne
- 1/2 taza de queso romano rallado
- 1 paquete (12 onzas) de albóndigas italianas congeladas completamente cocidas, descongeladas
- 3/4 taza de queso parmesano rallado
- Perejil fresco picado o rúcula tierna fresca, opcional

Direcciones

a) Precalentar el horno a 350°. Cocine los mostaccioli según las instrucciones del paquete para que queden al dente; desagüe. Mientras tanto, en un tazón pequeño, mezcle los huevos y el queso ricotta.

b) En un 6-qt. olla, cocine la carne y la cebolla de 6 a 8 minutos o hasta que la carne ya no esté rosada, rompiendo la carne en migajas; desagüe. Agregue el azúcar moreno y los condimentos. Agrega la salsa para pasta y el mostaccioli; mezcle para combinar.

c) Transfiera la mitad de la mezcla de pasta a un molde engrasado de 13x9 pulgadas. Plato de hornear. Cubra con la mezcla de ricotta y la mezcla de pasta restante; espolvorear con queso romano. Cubra con albóndigas y queso parmesano.

d) Hornee, sin tapar, de 35 a 40 minutos o hasta que se caliente por completo. Si lo desea, cubra con perejil.

87. Lasaña de Mariscos Blancos

Ingredientes

- 9 fideos de lasaña crudos
- 1 cucharada de mantequilla
- 1 libra de camarones crudos (31 a 40 por libra), pelados y desvenados
- vieiras de la bahía de 1 libra
- 5 dientes de ajo, picados
- 1/4 taza de vino blanco
- 1 cucharada de jugo de limón
- 1 libra de carne de cangrejo fresca

Salsa de queso:

- 1/4 taza de mantequilla, en cubos
- 1/4 taza de harina para todo uso
- 3 tazas de leche al 2%
- 1 taza de queso mozzarella semidescremado rallado
- 1/2 taza de queso parmesano rallado
- 1/2 cucharadita de sal
- 1/4 cucharadita de pimienta
- pizca de nuez moscada molida

Mezcla de ricota:

- 1 caja (15 onzas) de queso ricotta parcialmente descremado

- 1 paquete (10 onzas) de espinacas picadas congeladas, descongeladas y exprimidas
- 1 taza de queso mozzarella semidescremado rallado
- 1/2 taza de queso parmesano rallado
- 1/2 taza de pan rallado sazonado
- 1 huevo grande, ligeramente batido

Adición:

- 1 taza de queso mozzarella semidescremado rallado
- 1/4 taza de queso parmesano rallado
- perejil fresco picado

Direcciones

a) Precalentar el horno a 350°. Cocine los fideos de lasaña según las instrucciones del paquete; desagüe.

b) Mientras tanto, en una sartén grande, caliente la mantequilla a fuego medio. Agregue los camarones y las vieiras en lotes; cocina de 2 a 4 minutos o hasta que los camarones se pongan rosados y las vieiras estén firmes y opacas. Retire de la sartén.

c) Agrega el ajo a la misma sartén; cocinar 1 minuto. Agregue vino y jugo de limón, revolviendo para aflojar los trozos dorados de la sartén. Llevar a ebullición; cocina de 1 a 2 minutos o hasta que el líquido se reduzca a la mitad. Agrega el cangrejo; calor a través. Agregue los camarones y las vieiras.

d) Para la salsa de queso, derrita la mantequilla a fuego medio en una cacerola grande. Agregue la harina hasta que quede suave; agregue gradualmente la leche. Hacer hervir removiendo constantemente; cocine y revuelva hasta que espese, 1-2 minutos. Alejar del calor; agregue los ingredientes restantes de la salsa de queso. En un tazón grande, combine los ingredientes de la mezcla de ricotta; agregue 1 taza de salsa de queso.

e) Extienda 1/2 taza de salsa de queso en un molde engrasado de 13x9 pulgadas.

Plato de hornear. Cubra con 3 fideos, la mitad de la mezcla de ricota, la mitad de la mezcla de mariscos y 2/3 de taza de salsa de queso. Repita las capas. Cubra con los fideos restantes y la salsa de queso. Espolvorea la parte superior con 1 taza de queso mozzarella y 1/4 taza de queso parmesano.

f) Hornee, sin tapar, de 40 a 50 minutos o hasta que esté burbujeante y la parte superior esté dorada. Dejar reposar 10 minutos antes de servir. Espolvorear con perejil.

88. Pizza Pasta Casserole

Ingrediente

- 2 libras de carne molida
- 1 cebolla grande, picada
- 3-1/2 tazas de salsa para espagueti
- 1 paquete (16 onzas) de pasta espiral o cavatappi, cocida y escurrida
- 4 tazas de queso mozzarella parcialmente descremado, rallado
- 8 onzas de pepperoni en rodajas

Direcciones

a) Precalentar el horno a 350°. En una sartén grande, cocine la carne y la cebolla a fuego medio hasta que la carne ya no esté rosada; desagüe. Agregue la salsa de espagueti y la pasta.

b) Transfiera a 2 engrasados de 13x9 pulgadas. platos para hornear Espolvorear con queso. Coloque los pepperoni por encima.

c) Hornee, sin tapar, de 25 a 30 minutos o hasta que se caliente por completo.

d) Opción de congelación: enfríe las cazuelas sin hornear; cubra y congele hasta por 3 meses. Para usar, descongele parcialmente en el refrigerador durante la noche. Retire del refrigerador 30 minutos antes de hornear. Precalentar el horno a 350°. Hornee como se indica, aumentando el tiempo a 35-40 minutos o hasta que se caliente por completo y un termómetro insertado en el centro indique 165°.

89.   manicotti de queso

Ingrediente

- 1 caja (15 onzas) de queso ricotta bajo en grasa
- 1 cebolla pequeña, finamente picada
- 1 huevo grande, ligeramente batido
- 2 cucharadas de perejil fresco picado
- 1/2 cucharadita de pimienta
- 1/4 cucharadita de sal
- 1 taza de queso mozzarella parcialmente descremado, rallado, cantidad dividida
- 1 taza de queso parmesano rallado, dividido
- 4 tazas de salsa marinara
- 1/2 taza de agua
- 1 paquete (8 onzas) de conchas de manicotti
- Perejil adicional, opcional

Direcciones

a) Precalentar el horno a 350°. En un tazón pequeño, mezcle los primeros 6 ingredientes; agregue 1/2 taza de queso mozzarella y 1/2 taza de queso parmesano. En otro tazón, mezcle la salsa marinara y el agua; unte 3/4 de taza de salsa en el fondo de una fuente de 13x9 pulgadas. fuente para hornear cubierta con aceite en aerosol. Rellene las conchas de manicotti crudas con la mezcla de ricotta; disponer sobre la salsa. Cubra con la salsa restante.

b) Hornee, cubierto, 50 minutos o hasta que la pasta esté tierna. Espolvorea con la 1/2 taza restante de queso mozzarella y la 1/2 taza de queso parmesano. Hornee, sin tapar, de 10 a 15 minutos más o hasta que el queso se derrita. Si lo desea, cubra con perejil adicional.

90.   Lasaña de cuatro quesos

Ingrediente

- 1 libra de carne molida
- 1 cebolla mediana, picada
- 2 dientes de ajo, picados
- 1 lata (28 onzas) de tomates, sin escurrir
- 1 lata (8 onzas) de champiñones rebanados, escurridos
- 1 lata (6 onzas) de pasta de tomate
- 1 cucharadita de sal
- 1 cucharadita de orégano seco
- 1 cucharadita de albahaca seca
- 1/2 cucharadita de pimienta
- 1/2 cucharadita de semillas de hinojo
- 2 tazas de requesón al 4%
- 2/3 taza de queso parmesano rallado
- 1/4 taza de queso cheddar suave rallado
- 1-1/2 tazas de queso mozzarella parcialmente descremado, rallado, cantidad dividida
- 2 huevos grandes
- 1 libra de fideos de lasaña, cocidos y escurridos

Direcciones

a) En una sartén, cocina la carne, la cebolla y el ajo a fuego medio hasta que la carne ya no esté rosada y la cebolla esté tierna; desagüe. En una licuadora, procese los tomates hasta que estén suaves. Incorpora la mezcla de carne junto con los champiñones, la pasta de tomate y los condimentos; cocine a fuego lento 15 minutos.

b) En un tazón, combine el requesón, el parmesano, el queso cheddar, 1/2 taza de mozzarella y los huevos. Extienda 2 tazas de salsa de carne en el fondo de una fuente sin engrasar de 13x9 pulgadas. Plato de hornear. Coloque la mitad de los fideos sobre la salsa. Extienda la mezcla de queso sobre los fideos. Cubra con los fideos restantes y la salsa.

c) Tape y hornee a 350° por 45 minutos. Descubrir; espolvorea con la mozzarella restante. Regrese al horno por 15 minutos o hasta que el queso se derrita.

91. Lasaña de pollo al búfalo

12 porciones

Ingrediente

- 1 cucharada de aceite de canola
- 1-1/2 libras de pollo molido
- 1 cebolla pequeña, picada
- 1 costilla de apio, finamente picada
- 1 zanahoria grande, rallada
- 2 dientes de ajo, picados
- 1 lata (14-1/2 onzas) de tomates cortados en cubitos, escurridos
- 1 botella (12 onzas) de salsa Buffalo Wing
- 1/2 taza de agua
- 1-1/2 cucharaditas de condimento italiano
- 1/2 cucharadita de sal
- 1/4 cucharadita de pimienta
- 9 fideos de lasaña
- 1 caja (15 onzas) de queso ricotta
- 1-3/4 tazas de queso azul desmenuzado, cantidad dividida
- 1/2 taza de perejil italiano de hoja plana picado
- 1 huevo grande, ligeramente batido
- 3 tazas de queso mozzarella parcialmente descremado, rallado

- 2 tazas de queso cheddar blanco rallado

Direcciones

a) En un horno holandés, caliente el aceite a fuego medio. Agrega el pollo, la cebolla, el apio y la zanahoria; cocine y revuelva hasta que la carne ya no esté rosada y las verduras estén tiernas. Agrega el ajo; cocina 2 minutos más. Agregue los tomates, la salsa de alitas, el agua, el condimento italiano, la sal y la pimienta; llevar a ebullición. Reduzca el calor; cubra y cocine a fuego lento durante 1 hora.

b) Mientras tanto, cocine los fideos según las instrucciones del paquete; desagüe. En un tazón pequeño, mezcle el queso ricotta, 3/4 taza de queso azul, el perejil y el huevo. Precalentar el horno a 350°.

c) Extienda 1-1/2 tazas de salsa en un molde engrasado de 13x9 pulgadas. Plato de hornear. Cubra con tres fideos, 1-1/2 tazas de salsa, 2/3 taza de mezcla de ricotta, 1 taza de queso mozzarella, 2/3 taza de queso cheddar y 1/3 taza de queso azul. Repita las capas dos veces.

d) Hornee, tapado, 20 minutos. Descubrir; hornee hasta que burbujee y el queso se derrita, 20-25 minutos. Dejar reposar 10 minutos antes de servir.

92. Rollitos cremosos de lasaña de pollo

Ingrediente

- 10 fideos de lasaña
- 3/4 libra de pechugas de pollo deshuesadas y sin piel, en cubos
- 1-1/2 cucharaditas de hierbas provenzales
- 1/2 cucharadita de sal, dividida
- 1/2 cucharadita de pimienta, dividida
- 1 cucharada de aceite de oliva
- 2 tazas de queso ricota
- 1/2 taza de queso parmesano rallado, cantidad dividida
- 1/4 taza de leche al 2%
- 2 cucharadas de perejil fresco picado
- 4 tazas de salsa de espagueti
- 8 onzas de queso mozzarella fresco, en rodajas finas
- Perejil fresco picado adicional, opcional

Direcciones

a) Precaliente el horno a 375°. Cocine los fideos de lasaña según las instrucciones del paquete.

b) Mientras tanto, espolvorea el pollo con las hierbas provenzales, 1/4 de cucharadita de sal y 1/4 de cucharadita de pimienta. En una sartén grande, cocine el pollo en aceite a fuego medio durante 5 a 7 minutos o hasta que ya no esté rosado; dejar de lado.

c) En un tazón grande, combine ricotta, 1/4 taza de queso parmesano, leche, perejil y el resto de la sal y la pimienta. Agrega pollo.

d) Escurrir los fideos. Extienda 1 taza de salsa de espagueti en un molde engrasado de 13x9 pulgadas. Plato de hornear. Esparce 1/3 taza de la mezcla de pollo sobre cada fideo; enrollar con cuidado. Coloque la costura hacia abajo sobre la salsa. Cubra con la salsa restante y el queso parmesano.

e) Cubra y hornee por 30 minutos. Descubrir; cubre con queso mozzarella. Hornee de 15 a 20 minutos más o hasta que burbujee y el queso se derrita. Cubra con perejil adicional si lo desea.

93. Lasaña De Pollo Al Marsala

Ingredientes

- 12 fideos de lasaña
- 4 cucharaditas de condimento italiano, cantidad dividida
- 1 cucharadita de sal
- 3/4 libra de pechugas de pollo deshuesadas y sin piel, en cubos
- 1 cucharada de aceite de oliva
- 1/4 taza de cebolla finamente picada
- 1/2 taza de mantequilla, en cubos
- 1/2 libra de hongos portobello baby rebanados
- 12 dientes de ajo, picados
- 1-1/2 tazas de caldo de res
- 3/4 taza de vino Marsala, cantidad dividida
- 1/4 cucharadita de pimienta molida gruesa
- 3 cucharadas de maicena
- 1/2 taza de jamón cocido completamente picado finamente
- 1 caja (15 onzas) de queso ricotta
- 1 paquete (10 onzas) de espinacas picadas congeladas, descongeladas y exprimidas
- 2 tazas de mezcla de queso italiano rallado

- 1 taza de queso parmesano rallado, dividido
- 2 huevos grandes, ligeramente batidos

Direcciones

a) Cocine los fideos de acuerdo a las instrucciones del paquete; desagüe. Mientras tanto, mezcle 2 cucharaditas de condimento italiano y sal; espolvorear sobre las pechugas de pollo. En una sartén grande, caliente el aceite a fuego medio-alto. Agrega el pollo; saltee hasta que ya no esté rosado. Retire y mantenga caliente.

b) En la misma sartén, cocina la cebolla en mantequilla a fuego medio durante 2 minutos. Incorpora los champiñones; cocine hasta que estén tiernos, 4-5 minutos más. Agrega el ajo; cocine y revuelva durante 2 minutos.

c) Agregue el caldo, 1/2 taza de vino y pimienta; llevar a ebullición. Mezcle la maicena y el vino restante hasta que quede suave; revuelva en la sartén. Llevar a ebullición; cocine y revuelva hasta que espese, aproximadamente 2 minutos. Agregue el jamón y el pollo.

d) Precalentar el horno a 350°. Combine el queso ricotta, las espinacas, la mezcla de queso italiano, 3/4 taza de queso parmesano, los huevos y el condimento italiano restante. Extienda 1 taza de mezcla de pollo en un molde engrasado de 13x9 pulgadas. Plato de hornear. Cubra con 3 fideos, aproximadamente 3/4 taza de mezcla de pollo y aproximadamente 1 taza de mezcla de ricota. Repita las capas 3 veces.

e) Hornee, tapado, 40 minutos. Espolvorea con el queso parmesano restante. Hornee, sin tapar, hasta que la cacerola esté burbujeante y el queso se derrita, de 10 a 15 minutos. Dejar reposar 10 minutos antes de cortar.

94. Lasaña energética

Ingrediente

- 9 fideos de lasaña de trigo integral
- 1 libra de carne molida magra (90 % magra)
- 1 calabacín mediano, finamente picado
- 1 cebolla mediana, finamente picada
- 1 pimiento verde mediano, finamente picado
- 3 dientes de ajo, picados
- 1 frasco (24 onzas) de salsa para pasta sin carne
- 1 lata (14-1/2 onzas) de tomates cortados en cubitos sin sal añadida, escurridos
- 1/2 taza de hojas de albahaca sueltas, picadas
- 2 cucharadas de linaza molida
- 5 cucharaditas de condimento italiano
- 1/4 cucharadita de pimienta
- 1 caja (15 onzas) de queso ricotta sin grasa
- 1 paquete (10 onzas) de espinacas picadas congeladas, descongeladas y exprimidas
- 1 huevo grande, ligeramente batido
- 2 cucharadas de vinagre balsámico blanco
- 2 tazas de queso mozzarella parcialmente descremado, rallado

- 1/4 taza de queso parmesano rallado

Direcciones

a) Precalentar el horno a 350°. Cocine los fideos de acuerdo a las instrucciones del paquete. Mientras tanto, en un 6-qt. olla sopera, cocine la carne, el calabacín, la cebolla y el pimiento verde a fuego medio hasta que la carne ya no esté rosada, rompiendo la carne en migajas. Agrega el ajo; cocina 1 minuto más. Desagüe.

b) Agregue la salsa para pasta, los tomates cortados en cubitos, la albahaca, el lino, el condimento italiano y la pimienta; aunque calor. Escurrir los fideos y enjuagar con agua fría.

c) En un tazón pequeño, mezcle el queso ricotta, las espinacas, el huevo y el vinagre. Extienda 1 taza de mezcla de carne en un molde de 13x9 pulgadas.

fuente para hornear cubierta con aceite en aerosol. Cubra con tres fideos, 2 tazas de mezcla de carne, 1-1/4 tazas de mezcla de queso ricotta y 2/3 taza de queso mozzarella. Repita las capas. Cubra con los fideos restantes, la mezcla de carne y el queso mozzarella; espolvorear con queso parmesano.

d) Hornee, tapado, 30 minutos. Hornee, sin tapar, de 10 a 15 minutos más o hasta que el queso se derrita. Dejar reposar 10 minutos antes de servir.

95. Cazuela De Camarones Fettuccine

Ingrediente

- 6 onzas de fettuccine crudo
- 1 huevo grande
- 3/4 taza de crema mitad y mitad
- 1/2 taza de crema agria
- 1/2 cucharadita de sal
- 2 tazas de queso cheddar rallado
- 1/4 taza de chiles verdes picados enlatados
- 3 cebollas verdes, en rodajas finas
- 1 cucharada de cilantro, albahaca y mejorana frescos picados
- 1 libra de camarones crudos (31-40 por libra), pelados y desvenados o carne de cola de cangrejo cocida congelada, descongelada
- 1 taza de salsa
- 1/2 taza de queso pepper jack rallado
- 2 tazas de chips de tortilla, triturados
- 2 tomates ciruela, picados
- 1 aguacate mediano maduro, pelado y rebanado

Direcciones

a) Precalentar el horno a 350°. Cocine los fetuccini según las instrucciones del paquete. En un tazón grande, bata el huevo, la crema, la crema agria y la sal. Agregue el queso cheddar, los chiles, las cebollas verdes y las hierbas. Escurrir los fetuccini.

b) En un engrasado de 13x9 pulgadas. fuente para hornear, coloque en capas la mitad de los fettuccine, los camarones, la mezcla de crema y la salsa. Repita las capas.

c) Hornee, tapado, 35 minutos. Espolvorea con queso pepper jack, papas fritas y tomates. Hornee, sin tapar, de 5 a 10 minutos más o hasta que burbujee y el queso se derrita. Servir con rodajas de aguacate.

96. Lasaña de alcachofas y espinacas

Ingrediente

- 1 cucharada de aceite de oliva
- 1 cebolla pequeña, picada
- 1/2 taza de champiñones frescos en rodajas
- 4 dientes de ajo, picados
- 1 lata (14-1/2 onzas) de caldo de verduras o de pollo
- 1 lata (14 onzas) de corazones de alcachofa en agua, escurridos y picados en trozos grandes
- 1 paquete (10 onzas) de espinacas picadas congeladas, descongeladas y exprimidas
- 1 cucharadita de romero seco, triturado
- 1/4 cucharadita de nuez moscada molida
- 1/4 cucharadita de pimienta
- 1 frasco (16 onzas) de ajo asado, parmesano o salsa Alfredo de ajo asado

Montaje:

- 12 fideos de lasaña sin cocinar
- 3 tazas de queso mozzarella parcialmente descremado, rallado
- 1 taza de tomate desmenuzado y queso feta de albahaca o queso feta
- 1/8 de cucharadita de ajo en polvo

- 1/8 de cucharadita de orégano seco, hojuelas de perejil y albahaca

Direcciones

a) Precalentar el horno a 350°. En una cacerola grande, caliente el aceite a fuego medio-alto. Agrega la cebolla y los champiñones; cocine y revuelva hasta que estén tiernos. Agrega el ajo; cocina 1 minuto más. Incorpora el caldo, las alcachofas, la espinaca, el romero, la nuez moscada y la pimienta; Llevar a ebullición. Reduzca el calor; cocine a fuego lento durante 5 minutos, revolviendo ocasionalmente. Agregue la salsa Alfredo; alejar del calor.

b) Extienda 1 taza de salsa en un molde engrasado de 13x9 pulgadas. Plato de hornear. Cubra con 3 fideos y 2/3 taza de queso mozzarella. Repita las capas 3 veces. Cubra con la salsa restante y el queso mozzarella. Espolvorea con queso feta, ajo en polvo y hierbas.

c) Hornee, tapado, 40 minutos. Hornee, sin tapar, 15 minutos más o hasta que los fideos estén tiernos. Dejar reposar 10 minutos antes de servir.

97. Lasaña estilo Texas

Ingrediente

- 1-1/2 libras de carne molida
- 1 cucharadita de sal sazonada
- 1 paquete (1-1/4 onzas) de condimento para tacos
- 1 lata (14-1/2 onzas) de tomates cortados en cubitos, sin escurrir
- 1 lata (15 onzas) de salsa de tomate
- 1 lata (4 onzas) de chiles verdes picados
- 2 tazas de requesón al 4%
- 2 huevos grandes, ligeramente batidos
- 12 tortillas de maíz (6 pulgadas), rotas
- 3-1/2 a 4 tazas de queso Monterey Jack rallado
- Ingredientes opcionales: chips de tortilla triturados, salsa y aguacate en cubos

Direcciones

a) En una sartén grande, cocine la carne de res a fuego medio hasta que ya no esté rosada; desagüe. Agregue la sal sazonada, el condimento para tacos, los tomates, la salsa de tomate y los chiles. Reduzca el calor; cocine a fuego lento, sin tapar, durante 15-20 minutos. En un tazón pequeño, combine el requesón y los huevos.

b) En un engrasado de 13x9 pulgadas. una fuente para hornear, coloque en capas la mitad de cada uno de los siguientes: salsa de carne, tortillas, mezcla de requesón y queso Monterey Jack. Repita las capas.

c) Hornee, sin tapar, a 350 ° durante 30 minutos o hasta que esté burbujeante. Dejar reposar 10 minutos antes de servir. Adorne con coberturas si lo desea.

d) Opción de congelación: antes de hornear, cubra y congele la lasaña hasta por 3 meses. Descongele en el refrigerador durante la noche. Retire del refrigerador 30 minutos antes de hornear. Hornee según las instrucciones, aumentando el tiempo según sea necesario para que el termómetro marque 160°.

98. Lasaña Tradicional

Ingrediente

- 1 libra de carne molida
- Salchicha de cerdo a granel de 3/4 de libra
- 3 latas (8 onzas cada una) de salsa de tomate
- 2 latas (6 onzas cada una) de pasta de tomate
- 2 dientes de ajo, picados
- 2 cucharaditas de azúcar
- 1 cucharadita de condimento italiano
- 1/2 a 1 cucharadita de sal
- 1/4 a 1/2 cucharadita de pimienta
- 3 huevos grandes
- 3 cucharadas de perejil fresco picado
- 3 tazas de requesón de cuajada pequeña al 4 %
- 1 taza de queso ricota
- 1/2 taza de queso parmesano rallado
- 9 fideos de lasaña, cocidos y escurridos
- 6 rebanadas de queso provolone (alrededor de 6 onzas)
- 3 tazas de queso mozzarella parcialmente descremado, rallado, cantidad dividida

Direcciones

a) En una sartén grande a fuego medio, cocine y desmenuce la carne y la salchicha hasta que pierdan el color rosado; desagüe. Agregue los siguientes 7 ingredientes. Llevar a ebullición. Reduzca el calor; cocine a fuego lento, sin tapar, 1 hora, revolviendo ocasionalmente. Ajuste el condimento con sal y pimienta adicionales, si lo desea.

b) Mientras tanto, en un tazón grande, bata ligeramente los huevos. Agrega el perejil; agregue el requesón, la ricota y el queso parmesano.

c) Precaliente el horno a 375°. Extienda 1 taza de salsa de carne en un recipiente sin engrasar de 13x9 pulgadas. Plato de hornear. Cubra con 3 fideos, queso provolone, 2 tazas de mezcla de requesón, 1 taza de mozzarella, 3 fideos, 2 tazas de salsa de carne, la mezcla restante de requesón y 1 taza de mozzarella. Cubra con los fideos restantes, la salsa de carne y la mozzarella (el plato estará lleno).

d) Cubrir; hornear 50 minutos. Descubrir; hornee hasta que se caliente por completo, aproximadamente 20 minutos. Dejar reposar 15 minutos antes de cortar.

99. Cazuela De Salchicha Potluck

Ingrediente

- 1 paquete (16 onzas) de pasta penne
- Salchicha italiana a granel de 1 libra
- 1 cucharada de mantequilla
- 1 cucharada de aceite de oliva
- 1 cebolla mediana, finamente picada
- 1 zanahoria mediana, finamente picada
- 1-1/2 cucharaditas de orégano seco
- 1 cucharadita de sal
- 1/2 cucharadita de pimienta
- 1 calabacín pequeño, cortado por la mitad a lo largo y en rodajas
- 1 taza de champiñones frescos picados
- 6 dientes de ajo, picados
- 1 lata (15 onzas) de salsa de tomate
- 1 frasco (14 onzas) de salsa para pasta con carne
- 2 tazas de queso mozzarella parcialmente descremado, rallado

Direcciones

a) Precalentar el horno a 350°. Cocine la pasta según las instrucciones del paquete para que quede al dente; drene y transfiera a un engrasado de 13x9 pulg. Plato de hornear. Mientras tanto, en una sartén grande, cocine la salchicha a fuego medio hasta que ya no esté rosada, de 6 a 8 minutos, hasta que se desmorone; escurrir y retirar de la sartén.

b) En la misma sartén, caliente la mantequilla y el aceite a fuego medio-alto. Agrega la cebolla, la zanahoria, el orégano, la sal y la pimienta; cocine y revuelva 5 minutos. Agrega las calabacitas, los champiñones y el ajo; cocine y revuelva de 6 a 8 minutos más o hasta que las verduras estén tiernas.

c) Agregue la salsa de tomate, la salsa para pasta y la salchicha; verter sobre la pasta. Espolvorear con queso (el plato estará lleno). Cubra la cacerola con un trozo de papel de aluminio cubierto con aceite en aerosol. Hornear 10 minutos. Descubrir; hornee hasta que estén doradas y el queso se derrita, 15-20 minutos más. Dejar reposar 10 minutos antes de servir.

100. lasaña de frijoles

Rendimiento: 4 porciones

Ingrediente

- 1 cucharada   Aceite vegetal
- 1 taza   Cebolla picada
- 3 dientes de ajo, picados
- 1 14 onzas Lata De Salsa De Tomate
- 1 lata pequeña de pasta de tomate
- 3 cucharadas de orégano
- 2 cucharadas de albahaca
- ½ cucharadita de pimentón
- 1½ taza de Frijoles Mixtos
- 1½ taza de queso cottage bajo en grasa
- 2 tazas de mozzarella baja en grasa [rallada]
- 1 huevo
- 8 fideos de lasaña [cocidos]
- 1 cucharadita de hojas de cilantro [picadas]
- 2 cucharadas de queso parmesano

Direcciones

a) Remoje los frijoles de cuatro a ocho horas. Cubra con agua en una cacerola y hierva los frijoles. Cocine a fuego lento 30 - 40 minutos. Caliente el aceite, saltee la cebolla y el ajo hasta que estén tiernos.

b) Agregue la salsa de tomate, la pasta de tomate, el orégano, la albahaca, el pimentón y los frijoles cocidos y escurridos. Lleve a ebullición, reduzca el fuego, cocine a fuego lento de 8 a 10 minutos.

c) Agregue hojas de cilantro. Precaliente el horno a 325 F. Combine el requesón, la mozzarella y el huevo. En un molde para lasaña engrasado coloca una capa de fideos, una capa de mezcla de frijoles y una capa de mezcla de queso. Continúe, alternando fideos, frijoles y queso, terminando con una capa de queso encima.

d) Espolvorea queso parmesano sobre la capa superior. Hornee por 40 minutos a 325 F.

CONCLUSIÓN

Lo bueno de hacer tu propia lasaña fácil es que el resultado tendrá un sabor realmente delicioso y fresco. Si has comido lasaña congelada sabrás que este tipo de lasaña no sabe fresca. Además, las lasañas preenvasadas tienden a tener un alto contenido de azúcar y grasa. Haz el tuyo propio: ¡será más saludable y mucho más sabroso!

CPSIA information can be obtained
at www.ICGtesting.com
Printed in the USA
BVHW092348080322
630895BV00008B/98